Silence de Dieu, silence des hommes

Mgr Patrick Chauvet

SILENCE DE DIEU, SILENCE DES HOMMES

ARTÈGE

Éditions Artège
9, espace Méditerranée - 66000 Perpignan
10, rue Mercœur - 75011 Paris
www.editionsartege.fr.

ISBN : 979-10-336-1044-1
EAN Epub : 9791033610960

Introduction

Le 15 avril 2019, comme recteur de Notre-Dame, je me trouvais au fond du parvis à côté des pompiers, entouré des personnalités politiques et religieuses, regardant la cathédrale brûler, incapable d'agir, comme paralysé par ce spectacle apocalyptique, perdu dans mon cœur blessé, cette cellule intérieure où Dieu demeure : *Pourquoi Seigneur ?* Et la seule réponse en ce jour fut son silence !

Le 15 avril 2020, triste premier anniversaire au cœur du silence parisien imposé par le drame de la pandémie. Je me trouve au fond du parvis pour écouter le bourdon Emmanuel de treize tonnes sonner au moment où les Parisiens, à leurs fenêtres, applaudissent le corps médical. Derrière tous ces visages, que de drames, de blessures, de souffrances, de deuils, de solitude… Mais aussi que de questions ? Pourquoi une telle épidémie ? Qu'avons-nous fait au Bon Dieu ? Oui, *pourquoi Seigneur ?*

Cette question revient souvent pendant ou après un drame ; le silence de Dieu, son châtiment, le signe de la fin du monde… ou peut-être d'un monde, le mal, la souffrance de l'innocent…

Le lendemain de l'incendie, j'ai reçu des milliers de lettres, des témoignages d'affection, de compassion, de soutien ; toutefois quelques-uns, certes très peu, évoquaient la vengeance de Dieu, la punition de Dieu, son châtiment, n'osant pas nommer les coupables, mais les auteurs de ces missives se déculpabilisaient, préférant donner des leçons de morale !

Il nous faut prendre au sérieux toutes ces interrogations qui sont l'écho du début du psaume 21 « Mon Dieu, mon Dieu pourquoi m'as-tu abandonné ? »

Ce livre est un témoignage, le chemin parcouru par un prêtre qui n'a pas toutes les réponses, loin de là ! Mais qui est habité par l'Espérance. La Parole de Dieu, les maîtres spirituels, les grands auteurs de notre littérature m'ont accompagné depuis l'incendie. Ils ont éclairé ce chemin de ténèbres qui est devenu une voie de lumière. Depuis quarante ans que je suis prêtre, j'ai été confronté à la question du mal et du silence de Dieu ; quelques images reviennent en ma mémoire…

Tout d'abord à l'hôpital, un Vendredi saint, je rencontrais un enfant atteint de leucémie qui se battait contre cette terrible maladie. Sa maman était là ; nous avons prié, de cette prière silencieuse qui ne supporte pas de mots ; en effet, que dire à cette mère éplorée… Dans le couloir, c'est elle qui m'a confié : « J'ai compris aujourd'hui ce qu'est le Vendredi saint ! » En silence, me séchant les yeux, je suis reparti avec cette parole confiante en pensant à Marie au pied de la Croix.

Une autre image s'impose à moi, c'est la photo du cardinal Lustiger à Auschwitz. Le silence de Dieu face à l'horreur des camps. Sa mère déportée morte dans ce camp, parce qu'elle était juive ! Pourquoi, Seigneur, les hommes que tu as créés bons sont-ils capables d'aller jusque-là ? Et je n'oublie pas ces célébrations d'obsèques de jeunes innocents, victimes d'accidents souvent absurdes ; je commence souvent les homélies par "pourquoi ?" et j'ajoute que le prédicateur partage aussi cette interrogation !

Dernièrement, au cœur de cette épidémie, une personne me pose cette question : « Que fait votre Bon Dieu, mon Père ? » Comme si c'était Dieu qui avait voulu nous punir ! Je l'ai invitée à réfléchir sur notre monde, nos façons de vivre, nos volontés de puissance, nos égoïsmes, etc. Mais j'ai ajouté : en revanche le Bon Dieu veut nous dire quelque chose ! Le Seigneur vient nous rejoindre dans ce que nous vivons pour donner sens à ce qui nous paraît du non-sens ! Nous aurons l'occasion d'y revenir.

Avant même de réfléchir sur le silence de Dieu et celui de l'homme, il nous faut poser la question du scandale du mal. Puisse cette méditation nous encourager à entrer dans le silence de Dieu qui est proximité, signe de sa tendresse.

PREMIÈRE PARTIE
LE SCANDALE DU SILENCE

Le scandale du mal

N'est-ce pas une folie de me lancer dans une telle aventure ? La souffrance, le mal, la pandémie, les catastrophes climatiques, les attentats, les guerres... Mais que fait Dieu ? Que de fois ai-je entendu cette question ! En réfléchissant bien, nous connaissons les auteurs de tous ces drames ; mais demeure la souffrance de l'innocent ! Oui, il reste la question du silence de Dieu face au scandale du mal.

Avant même de tenter une réponse à cette question, ne faut-il pas d'abord réfléchir au problème de l'existence même du mal ?

« Le Tout-Puissant est déshonoré par les malheurs qui nous arrivent. Comment puis-je aimer le Créateur des microbes et des tigres qui déchirent les hommes ? » Cette confidence d'un prisonnier à un prêtre traduit ce que beaucoup d'hommes pensent et il nous faut la regarder en face. Le mystère du mal est vraiment le grand scandale. Il est présent dans toute vie, aucun n'y échappe. Que d'hommes se sentent prêts à jeter à Dieu leur révolte en plein visage, à le haïr même, parce qu'il laisse aller le monde comme il va, parce qu'il semble abandonner ses enfants ! Et pourtant, au-delà de tout cela, il y a, j'en suis sûr, la présence de l'Amour. Il s'agit alors de découvrir cette présence au cœur du mal.

Une figure biblique peut nous éclairer, celle de Job. Ce livre représente l'impossible dialogue de l'homme avec Dieu : Pourquoi Dieu fait-il agoniser les hommes qui se confient en lui, qui ne cherchent qu'à l'adorer de tout leur être ? Le scandale de Job, c'est celui du mal au cœur de la foi.

« Périsse le jour où j'allais être enfanté et la nuit qui a dit : un homme a été conçu[1]. » Dieu apparaît à Job comme un Dieu terrifiant, qui ne cesse de briser l'homme. En effet, Job est fidèle à l'Alliance. Cette souffrance qu'il supporte n'est pas le fruit de sa méchanceté. C'est parce qu'il est innocent qu'il subit cela. *Qu'ai-je fait au Bon Dieu ?* Il hurle vers Dieu et lui ne répond pas. Job est aux portes de la mort, mais il croit en Dieu qu'il ne rencontre pas. Le drame de Job est celui d'un homme qui perçoit Dieu comme un véritable agresseur.

Job est innocent, il reste fidèle à son Dieu et pourtant se sent rejeté. Mais qu'a-t-il fait à Dieu pour qu'il en soit ainsi ? Il ne le sait pas. Il s'adresse directement à Dieu car il a besoin d'être écouté.

Quelles représentations avons-nous de Dieu ? Certains le voient comme un Dieu vengeur, justicier, moralisateur, parfois même sadique.

Notre question n'est pas d'abord le silence de Dieu, mais son cœur. Comment faire naître de la vengeance dans le Cœur de Dieu s'il n'est qu'amour ? Que de lettres

1. Jb 3,3.

ai-je reçues sur l'action de Dieu ! Job se pose cette question, mais en gardant au fond de son cœur, une confiance en ce Dieu d'amour. Il lui faut dépasser l'image d'un Dieu qui punit. Cette image demeure encore aujourd'hui.

L'homme ne peut que s'en remettre à Celui qui est juste. Pour progresser dans la foi, il faut tout abandonner. Job, à travers l'épreuve, apprend à se soumettre totalement, à lâcher prise pour découvrir la vie nouvelle avec son Dieu.

Accompagnant des malades en fin de vie, j'ai vu de telles conversions – grâce, d'ailleurs, au sacrement des malades. L'injustice apparente est offerte à Dieu et devient une source de grâce ; ce Dieu qui semblait si injuste apparaît sous son vrai visage, Celui qui vient mendier notre pauvre amour. Il ne s'agit plus de dire « pourquoi ? », mais « me voici Seigneur comme une pauvre offrande ».

Job n'a pas d'autre horizon que la mort, mais il clame sa certitude qu'au-delà de la fosse, son Rédempteur se lèvera : « Je sais bien, moi, que mon Rédempteur est vivant [...] C'est moi qui le contemplerai, oui, moi ! Mes yeux le verront, lui, et il ne sera pas étranger[2]. »

Nous nous construisons des images de Dieu, mais c'est Dieu qui est notre mesure à travers sa Parole. Il nous faut passer par Son mystère. Il faut que l'homme se reçoive lui-même de Dieu ; alors il découvrira que ce qu'il appelait le silence de Dieu n'est bien souvent que sa propre surdité, son incapacité à accueillir la Parole. Au cœur de la souffrance, Dieu continue à faire signe. Le livre de Job ne donne aucune réponse au pourquoi de

2. Jb 19,25a.27

la souffrance; en revanche Dieu apparaît pour dire sa présence et sa parole. Il donnera sa réponse définitive et totale en son Fils.

Arrêtons-nous sur la souffrance qui est un scandale et qui nous pousse à intenter un procès à Dieu. La souffrance en effet n'a pas été créée par Dieu à l'origine; elle n'existait pas dans le Paradis où Dieu a placé le premier homme pour qu'il y trouve le bonheur; et elle n'existera plus dans le Royaume des cieux. La souffrance est alors l'occasion de pécher en suscitant une révolte vis-à-vis de Dieu, car elle peut faire désespérer de Dieu, voire le rejeter. Le diable se sert de la souffrance pour éloigner l'homme de Dieu. Ce qui aurait pu provoquer la chute du commun des mortels n'a pas fait tomber Job : « En toute cette infortune, Job ne pécha pas et ne se permit aucune impertinence contre Dieu[3]. » Non seulement Job n'a pas blasphémé dans l'épreuve, mais il a rendu grâce à Dieu[4].

Job a opposé aux tentations de Satan trois attitudes spirituelles : tout d'abord une patience constante dans les épreuves; ensuite une foi inébranlable en Dieu; enfin une espérance sans détour en Lui. Mais il est vrai que Job témoigne d'une grâce particulière qui lui a permis d'échapper à la pression exercée par le diable. En ce sens il annonce la venue du Christ et sa mission de salut. L'attitude de Job est mystérieuse et pour bon nombre sa figure est absurde! Le prêtre demeure silencieux face à une telle souffrance. Je n'oublie pas ces mots du cardinal Veuillot sur son lit d'agonie, demandant à ses prêtres de

3. Jb 1,22; 22,10.
4. *Cf.* Jb 1,21.

ne pas parler de la souffrance devant les malades. Notre présence gratuite n'est-elle pas d'ailleurs une parole de compassion ?

Par ses interrogations, Job attend une explication des raisons de la souffrance et il la cherche dans la Parole de Dieu. Mais encore faudrait-il que la Parole soit lue et méditée ! L'attitude du Christ devant la souffrance est évidemment essentielle pour définir la façon dont le chrétien devrait la considérer. Le Christ a voulu nous sauver de l'intérieur, en assumant lui-même tous les maux dont il voulait nous guérir et nous libérer. Cette libération s'est accomplie lorsque le Christ s'est trouvé confronté au mal, à la souffrance, à la mort. Lorsque le Christ a affronté la souffrance, il l'a vaincue ; il a dominé sa domination, il a affranchi l'homme de la tyrannie qu'elle exerçait sur lui et du pouvoir qu'elle avait de le porter au péché : « La mort a été engloutie dans la victoire. Où est-elle, ô mort, ta victoire ? Où est-il, ô mort ton aiguillon[5]. »

Cependant, si le Christ est venu nous délivrer en assumant la mort et la totalité du péché, la possibilité de souffrance demeure et il s'agit de l'assumer le mieux possible. Le Christ nous a donné les armes pour l'affronter sur le plan spirituel. En effet par la grâce du Christ, le baptisé acquiert le pouvoir de ne pas se laisser aller au mal ; le privilège de Job est donc aussi le nôtre. Il ne s'agit pas d'un acte héroïque ; c'est la grâce de Dieu qui nous empêche de ne pas nous laisser conduire par la souffrance. Il s'agit plutôt de ne pas céder aux tentations

5. 1Co 15,54-55.

comme la tristesse, l'abattement, le découragement et surtout l'accusation de Dieu et de révolte contre lui, voire de blasphème et de reniement.

Il est vrai, et j'en suis témoin, qu'assumer spirituellement la souffrance permet au malade de progresser dans sa vie intérieure. Mais là encore, c'est de l'ordre de la grâce ! À travers l'épreuve de la souffrance, on développe la patience, la fidélité, l'espérance et l'humilité. J'ai vu des malades offrir leurs souffrances pour le salut du monde !

Mais la souffrance n'est pas un but en soi ; toute recherche de la souffrance comme fin et comme moyen, fût-ce dans le cadre de l'ascèse, est une perversion spirituelle. La souffrance ne produit par elle-même aucun bien. Elle constitue une épreuve qui apparaît de la manière la plus nette qui soit dans le livre de Job. Par rapport au mal auquel elle peut nous entraîner, la souffrance apparaît comme une tentation. Par rapport au bien dont elle peut être une occasion, elle apparaît au contraire comme une voie possible de salut.

En effet, lorsque le Christ regarde le mal dans le monde, il le regarde en fonction de la fin que son Père poursuit, à savoir le renouvellement du monde dans la gloire, la manifestation de la gloire de Dieu. Le Christ nous entraîne à ce que le combat contre le péché, la maladie, le mal, nous oriente vers Dieu.

Jésus souffre du mal ; il pleure son ami Lazare, mais nous révèle aussi la manifestation de la gloire du Père. Il s'agit de manifester la victoire sur le mal qui, pour Jésus, est le péché. Voilà l'attitude spirituelle face au mal : nous devons nous laisser prendre par l'action de grâce, en pensant que, si ce qui arrive est permis par Dieu, c'est uniquement pour la manifestation de sa gloire.

« Qui nous séparera de l'amour du Christ ? La tribulation, l'angoisse, la persécution, la faim, la nudité, les périls… Nous sommes les grands vainqueurs par Celui qui nous a aimés[6]. » Saint Paul nous apprend que toute notre vie est entrée dans le Christ et que nous ressusciterons avec le Christ si nous souffrons avec lui. Le mal est en vue de la manifestation de la gloire. Dans sa mort, le Christ triomphe de notre propre mort en ressuscitant ; le mal est engagé dans la profondeur du mystère de la résurrection et le triomphe est déjà donné.

Le péché tue le corps du Fils de Dieu, mais la gloire est au cœur de sa mort. Le mystère de la Croix, c'est l'ouverture d'un cœur blessé qui transforme tout en amour.

Le mal est déjà vaincu totalement, mais il est encore puissant. Nous en faisons tous l'expérience dans notre monde d'atrocités et de crimes, de mort et de guerres. Le mal est bien là et il semble triompher. Mais au cœur de ces drames, c'est la miséricorde qui triomphe. La seule réponse au scandale du mal, c'est la résurrection du Christ et la nôtre. Nous sommes là dans l'ordre de la foi.

Les questions demeurent, même pour celui qui écrit ces quelques pages. Vivement le ciel pour avoir les réponses… Mais, nous serons tellement heureux d'y être, que nous n'aurons plus de questions ! Car nous aurons toutes les réponses. Ne faisons pas le procès de Dieu ; le Créateur

---

6. Rm 8,35.

nous a laissés libres et nous ne faisons pas toujours un bon usage de notre liberté !

Comme je le disais dans l'introduction, Dieu peut donner sens à ce que nous sommes en train de vivre. L'incendie de Notre-Dame, comme cette pandémie, nous rappellent notre fragilité et sont en même temps un appel à la conversion, en revenant à l'essentiel et en retrouvant le bon sens ! C'est l'Amour qui triomphera… il y a encore du chemin à faire !

Poursuivons ce chapitre en méditant avec le cardinal Sarah :

> « Les chrétiens savent que Dieu ne veut pas le mal. Et si ce mal existe, Dieu en est la première victime. Le mal existe car son Amour n'est pas reçu ; son amour est méconnu, refusé et combattu… Il est difficile pour l'homme de comprendre le mal tant qu'il ne lui donne pas des dimensions proprement divines[7]. »

Et le Cardinal de continuer en citant Maurice Zundel dans son livre *Un autre regard sur l'homme* :

> « C'est ce que veut dire la Croix : le mal est finalement le mal de Dieu. Dans le mal, c'est Dieu qui a mal et c'est pour cela que le mal est si terrible. Mais si c'est Dieu qui a mal dans le mal, il y a donc au cœur du mal cet Amour qui ne cessera jamais de nous accompagner, de protéger notre sort et de souffrir avec nous. Il faut dire

7. Cardinal Sarah, *la Force du silence*, Fayard, p. 222-223.

> encore bien davantage : Dieu sera frappé par le mal, par tout le mal, avant nous, en nous et pour nous, comme au Golgotha[8]. »

Finalement, la question n'est-elle pas celle du mal ? La révolte de Satan est sans cesse actualisée ; il s'empare de certains pour imposer son pouvoir comme prince de ce monde. Le Christ a vécu ce combat toute sa vie et sur la croix et il a vaincu le mal.

Mais demeure la question de la liberté que Dieu nous laisse. Et j'allais dire : « Dieu merci ». Je préfère mener le combat spirituel que d'être une marionnette. Je préfère ne pas avoir toutes les réponses à mes questions, tout en sachant, grâce à la foi, que Dieu est là, même s'il ne fait pas beaucoup de bruit !

Est liée à la liberté la grâce reçue le jour de notre baptême. « Ma grâce te suffit[9] » pour vivre comme disciple au cœur de ce monde. Dans l'épreuve, nous ne vivons pas assez de cette grâce ; nous voulons nous en sortir tout seul. Le mal ne vient pas de Dieu ; nous avons été prédestinés au bien, non au mal. Nous ne sommes pas dans une tragédie ; au début de la pièce de Racine, Phèdre sait qu'elle est condamnée, tout comme Antigone. Point n'est besoin de se battre ; tout est décidé : c'était écrit ! On ne peut que subir, même l'injustice. Mais nous sommes dans une dramatique divine ; nous sommes appelés à nous battre, même si nous trouvons notre Dieu bien silencieux dans nos combats. Toute notre vie n'est qu'une

8. *Ibid.*
9. Cf. 2Co 12,9

lutte contre le mal, mais nous ne sommes pas seuls, Dieu est à nos côtés.

Le silence de Dieu ne signifie pas son abandon. Il est là ! Telle est notre foi ! Dans l'épreuve, il faut tenir ; et comme nous sommes sans force, il nous faut accueillir l'amour qui vient de Dieu. Or, cet amour ne parle pas, il est une plénitude de présence.

En écrivant cela, je sais l'importance de la foi ; mais il faut savoir attendre, car les signes de cette présence divine se font parfois attendre : c'est alors le temps de l'espérance. « Heureux celui qui croit sans avoir vu[10]. » Comment ne pas rendre grâce pour ce don de Dieu !

En écrivant ce livre après l'incendie de Notre-Dame et le drame de la pandémie, je souhaite vous transmettre un chemin spirituel qui m'a aidé à vivre les épreuves pour aller de l'avant. Ce chemin est accessible ; il ne donne pas toutes les réponses à vos questions… D'ailleurs, j'ose vous confier que je n'ai pas toutes les réponses, mais que, si les blessures demeurent, l'amour est bien présent et qu'il me fait vivre, car le Seigneur est le tout de ma vie. Puissiez-vous, malgré les souffrances, retrouver cette paix et cette confiance dans cet abandon que le Christ a connu et qui nous mènera au face-à-face tant désiré.

10. Jn 20,29.

Le silence de Dieu dans les Écritures

Quelques semaines après l'incendie de Notre-Dame, j'ai ouvert les Écritures pour comprendre les signes que le Seigneur voulait me donner à travers cette épreuve. Je propose de faire avec vous ce petit parcours biblique.

Chose étonnante : « Dieu Silence », et pourtant il ne fait que nous parler.

« Au commencement la Parole était Dieu[1] », mais à la manière d'un « mystère enveloppé de silence aux siècles éternels[2] », jusqu'à ce qu'elle se révèle à l'homme.

Que de fidèles me confient qu'ils trouvent Dieu peu bavard et que, dans leurs prières, ils ne l'entendent pas ; ils aimeraient entendre des voix. Mais ils ne sont pas Jeanne d'Arc – et c'est préférable ! Il suffit d'ouvrir la Parole de Dieu et de la méditer, car c'est bien Dieu qui nous parle !

Dans l'Ancien Testament, parfois Dieu se tait parce qu'il est en colère. Ainsi dans le livre d'Ézéchiel : « Je ferai

1. Jn 1,1.
2. Rm 16,25.

adhérer ta langue à ton palais, tu seras muet et tu cesseras de les avertir, car c'est une engeance de rebelles[3]. »

Comment ne pas évoquer le livre de Job ? « Je crie vers toi et tu ne réponds pas, je me présente et tu restes distrait. Tu es devenu cruel à mon égard, ta main vigoureuse sur moi s'acharne[4]… » Pensons aussi au psaume 82 : « Ô Dieu, ne reste pas muet, plus de repos, plus de silence, ô Dieu[5]. »

Et le début du psaume 108 : « Dieu de ma louange, sors du silence. Bouche méchante et bouche d'imposture S'ouvrent contre moi[6]. »

Ainsi, pour Israël qui veut écouter son Dieu, ce silence est-il perçu comme un châtiment : « Peux-tu rester insensible à tout cela, Yahvé, te taire pour nous humilier sans mesure[7] ? » *Où est-il ton Dieu ?* Ce silence peut être interprété comme un éloignement : « Tu as vu, Yahvé, ne sois pas muet, Seigneur, ne sois pas loin de moi[8]. » Pour le psalmiste, le silence de Dieu annonce la mort :

> « Vers toi, Yahvé, j'appelle
> Mon rocher, ne sois pas sourd ;
> Que je ne sois, devant ton silence,
> Comme ceux qui descendent à la fosse[9]. »

3. Ez 3,26.
4. Jb 30,20-21.
5. Ps 82 (83),2.
6. Ps 108,1-2.
7. Is 64,11.
8. Ps 34 (35),22.
9. Ps 27 (28),1.

Il annonce le silence du *shéol*, ce monde de la mort, où Dieu et l'homme ne se parlent plus. « Si Yahvé ne me venait en aide, bientôt mon âme habiterait le silence[10]. » Et dans le psaume 113 : « Ce ne sont pas les morts qui louent Yahvé Ni tous ceux qui descendent au silence[11]. »

Toutefois le dialogue n'est pas définitivement rompu, car le silence de Dieu peut être aussi un reflet de sa patience aux jours d'infidélité des hommes :

> « De qui avais-tu peur, qui craignais-tu pour m'avoir renié ? Pour ne t'être plus souvenue de moi et ne m'avoir même pas fait une place en ton cœur ? Moi n'est-ce pas, je me suis tu et j'ai fermé les yeux, alors tu ne m'as pas craint[12]. »

Dieu aux longues patiences avec chacun d'entre nous ! À travers ces prières, celles du psalmiste, du prophète, il y a nos pauvres prières. Ce sont les mêmes expériences spirituelles, le silence de Dieu face à nos souffrances, nos peurs, nos angoisses.

Mais si Dieu est silencieux, l'homme aussi peut être silencieux. C'est notre silence après avoir péché, comme nous le voyons bien dans le livre de Job : « J'ai parlé à la légère, que te répondrai-je ? Je mettrai plutôt ma main sur ma bouche[13]. » Et un peu plus loin : « Aussi je retire mes paroles, je me repens sur la poussière et sur la cendre[14]. »

---

10. Ps 93 (94),17.
11. Ps 113B (115),17.
12. Is 57,11.
13. Jb 40,4.
14. Jb 42,6.

Ou notre silence est signe de notre confiance dans le salut, comme dans le livre des Lamentations : « Il est bon d'attendre en silence le salut de Yahvé[15]. »

Enfin quand Dieu va visiter l'homme, la terre garde le silence : « Des cieux tu fais entendre la sentence, la terre a peur et se tait[16]. »

Et quand Dieu est venu, un silence de crainte ou de respect signifie l'adoration de l'homme ; ainsi à la transfiguration : « Quand la voix eut retenti, Jésus se trouva seul. Les disciples gardèrent le silence et ne racontèrent rien à personne[17]. »

Cet humble silence est l'accès au repos, mais aussi l'ouverture à la révélation que le Seigneur a promise aux tout petits. Comment ne pas penser à la Vierge Marie qui « méditait tous ces évènements en son cœur[18]. »

Je souhaiterais m'arrêter plus longuement sur le psaume 21 que je vous invite à lire lentement :

> 2 Mon Dieu, mon Dieu, pourquoi m'as-tu abandonné ?
> Le salut est loin de moi, loin des mots que je rugis.
>
> 3 Mon Dieu, j'appelle tout le jour, et tu ne réponds pas ;
> même la nuit, je n'ai pas de repos.
>
> 4 Toi, pourtant, tu es saint, toi qui habites les hymnes d'Israël !

15. Lm 3,26.
16. Ps 75 (76),9.
17. Lc 9,36.
18. Lc 2,19.51.

5 C'est en toi que nos pères espéraient, ils espéraient et tu les délivrais.

6 Quand ils criaient vers toi, ils échappaient ; en toi ils espéraient et n'étaient pas déçus.

7 Et moi, je suis un ver, pas un homme, raillé par les gens, rejeté par le peuple.

8 Tous ceux qui me voient me bafouent, ils ricanent et hochent la tête :

9 « Il comptait sur le Seigneur : qu'il le délivre ! Qu'il le sauve, puisqu'il est son ami ! »

10 C'est toi qui m'as tiré du ventre de ma mère, qui m'a mis en sûreté entre ses bras.

11 À toi je fus confié dès ma naissance ; dès le ventre de ma mère, tu es mon Dieu.

12 Ne sois pas loin : l'angoisse est proche, je n'ai personne pour m'aider.

13 Des fauves nombreux me cernent, des taureaux de Basan m'encerclent.

14 Des lions qui déchirent et rugissent ouvrent leur gueule contre moi.

15 Je suis comme l'eau qui se répand, tous mes membres se disloquent. Mon cœur est comme la cire, il fond au milieu de mes entrailles.

16 Ma vigueur a séché comme l'argile, ma langue colle à mon palais. Tu me mènes à la poussière de la mort.

17 Oui, des chiens me cernent, une bande de vauriens m'entoure. Ils me percent les mains et les pieds ;

18 je peux compter tous mes os. Ces gens me voient, ils me regardent.

19 Ils partagent entre eux mes habits et tirent au sort mon vêtement.

20 Mais toi, Seigneur, ne sois pas loin : ô ma force, viens vite à mon aide !

21 Préserve ma vie de l'épée, arrache-moi aux griffes du chien ;

22 sauve-moi de la gueule du lion et de la corne des buffles. Tu m'as répondu !

23 Et je proclame ton nom devant mes frères, je te loue en pleine assemblée.

24 Vous qui le craignez, louez le Seigneur, glorifiez-le, vous tous, descendants de Jacob, vous tous, redoutez-le, descendants d'Israël.

25 Car il n'a pas rejeté, il n'a pas réprouvé le malheureux dans sa misère; il ne s'est pas voilé la face devant lui, mais il entend sa plainte.

26 Tu seras ma louange dans la grande assemblée; devant ceux qui te craignent, je tiendrai mes promesses.

27 Les pauvres mangeront : ils seront rassasiés; ils loueront le Seigneur, ceux qui le cherchent : « A vous, toujours, la vie et la joie! »

28 La terre entière se souviendra et reviendra vers le Seigneur, chaque famille de nations se prosternera devant lui :

29 « Oui, au Seigneur la royauté, le pouvoir sur les nations! »

30 Tous ceux qui festoyaient s'inclinent; promis à la mort, ils plient en sa présence.

31 Et moi, je vis pour lui : ma descendance le servira; on annoncera le Seigneur aux générations à venir.

32 On proclamera sa justice au peuple qui va naître : Voilà son œuvre!

« Mon Dieu, mon Dieu, pourquoi m'as-tu abandonné ? » Le Christ en croix a récité ce psaume ; sur la Croix, il a tout assumé, même le silence de Dieu au cœur de sa souffrance et de sa mort. Il nous rejoint dans nos interrogations angoissantes face au silence de Dieu.

Ce psaume 21 est l'un des sommets du psautier et de la foi d'Israël. Il s'agit d'une longue supplication d'un homme condamné à la prison et menacé de mort, qui évoque ses souffrances morales et physiques. « Mon Dieu, mon Dieu, pourquoi m'as-tu abandonné ? »

Un commentaire juif dit que le premier « Mon Dieu » évoque le passage de la Mer Rouge, le second, la Loi dans le Sinaï et aujourd'hui, le silence. Il s'agit d'un contraste entre les bienfaits de Dieu et le silence si pesant de Dieu au cœur de nos épreuves.

Tout donne à penser que Dieu abandonne l'homme, qu'il ne répond pas à son appel au secours. Jésus a connu sur la Croix cette déréliction, ce silence de Dieu, qui suscite dans un dernier élan une des prières les plus poignantes de la Bible. Il nous faut prendre au sérieux ce cri de Jésus. On ne peut pas se contenter de dire que la fin du psaume est apaisante. On ne peut pas dire non plus que Jésus a douté en se croyant abandonné, tout simplement parce qu'il est Dieu.

N'oublions pas que le Christ a vécu la mort pour en faire une consécration, un acte ultime d'offrande. Le Père n'abandonne pas son Fils, il est en retrait pour que sa mort soit une offrande libre à l'amour. C'est ce que nous vivrons lors de notre pâque ; c'est librement que nous dirons au Père : « Me voici Seigneur, je viens faire ta volonté » et « Entre tes mains, je remets mon esprit[19]. » Cela n'empêche pas de demander au Seigneur la grâce de la bonne mort !

Le Christ, en priant ce psaume sur la Croix, sait bien qu'il meurt pour le salut du monde. Il n'empêche que sa souffrance est telle que « loin des mots que je rugis ». Il nous arrive nous aussi de crier notre souffrance ; il nous arrive de supplier, mais c'est le silence : « Mon Dieu, j'appelle tout le jour, et tu ne réponds pas » (v. 3).

Comme Bernanos le fait dire à Dieu qui entend la souffrance d'une maman qui porte dans ses bras son enfant mort : « Plus tard, tu comprendras ! » Mais nous, nous voulons tout, tout de suite ! Il est vrai qu'il faut du temps pour que le silence de Dieu devienne une parole intérieure. C'est dans le silence et le recueillement que Dieu se fait à la fois proche et demeure le Tout Autre. Dieu ne sera jamais un copain ! La distance entre Dieu et la créature que je suis, souligne que Dieu est Dieu ; si la distance est abolie, alors Dieu devient une idole… qui ne sauvera pas.

« Même la nuit, je n'ai pas de repos » (v. 3). Il s'agit de trouver ce repos du cœur, cette paix intérieure pour chasser les tourments. Parfois, nous pensons trop la nuit et même si nous comptons les moutons… nous avons du mal à trouver le repos. Ah ! Le sommeil du juste ! Le psalmiste veut émouvoir le Seigneur et l'inviter à intervenir. Il lui rappelle son expérience spirituelle : « Toi, pourtant, tu es saint, toi qui habites les hymnes d'Israël » (v. 4). Au

19. Lc 23,46.

cœur des ténèbres, seule l'espérance nous fait tenir. Nous aurons l'occasion d'y revenir.

« En toi, ils espéraient et n'étaient pas déçus » (v. 6). Pour cet homme condamné, il s'agit d'espérer contre toute espérance. Nous commençons à espérer quand nous n'avons plus rien. Faire confiance jusqu'au bout de la nuit; suivre le Seigneur, dire oui jusqu'au bout parce qu'on est sûr d'être aimé. Il faut tenir comme on peut dans la nuit. Sur la Croix, le Christ vit cette confiance et cet abandon et les ténèbres commencent à avoir un sens.

Revenons au psaume qui rappelle ce qu'a vécu le Christ durant sa Passion. « Tous ceux qui me voient, me bafouent, ils ricanent et hochent la tête » (v. 8). Les gens passent devant le Golgotha; certains ignorent le Messie crucifié; d'autres se moquent de lui comme le mauvais larron : « Qu'il le sauve, puisqu'il est son ami! » (v. 9)

Seuls Marie et Jean sont au pied de la Croix. En disant ce psaume, le Christ voit l'accomplissement des Écritures. En réponse aux sarcasmes, le psalmiste réaffirme la relation qui le livrait à Dieu dès le sein maternel… « À toi je fus confié dès ma naissance; dès le ventre de ma mère, tu es mon Dieu » (v. 10).

Dieu reçoit l'enfant et l'enfant reconnaît son Dieu. Le Christ proche de la mort sait que son Père a l'initiative. C'est lui qui a envoyé son Fils dans le monde pour le sauver. L'engendrement de toute éternité est déjà le salut.

« Tu es mon Dieu » (v. 11). C'est la louange après la détresse du début du psaume. Même si Dieu se tait, nous croyons qu'il est là, tout simplement parce qu'il est notre Père. Pourtant : « Ne sois pas loin : l'angoisse est proche, je n'ai personne pour m'aider… » (v. 12) La foi d'Israël affirme que Dieu est proche des malheureux. Les bourreaux prennent un visage bestial : les fauves, les taureaux, les lions, entourent le psalmiste. Seul le serviteur souffrant, par son silence et par le fait qu'il fut transpercé à cause de nos fautes, est entré plus avant dans le mystère de la souffrance et de son acceptation :

> « Maltraité, il s'humilie, il n'ouvre pas la bouche : comme un agneau conduit à l'abattoir, comme une brebis muette devant les tondeurs, il n'ouvre pas la bouche[20]. »

Nous assistons à la descente dans l'animalité. L'irruption de ces animaux signifie que l'heure de la parole est passée et que la mort est imminente, la peur est là. Des gueules s'ouvrent pour dévorer ; c'est la chasse à l'homme.

« Tous mes membres se disloquent » (v. 15). Voilà une image qui évoque bien ce qu'a vécu le Christ. Nous assistons à cette œuvre de destruction. Son cœur fond au milieu de ses entrailles. Dans ce malheur extrême, l'agonisant semble garder espoir ; il comprend que c'est Dieu qui le mène à la mort, « Tu me mènes à la poussière de la mort » (v. 16). Ce Dieu qui est vie et Sauveur ; le Dieu des vivants et non des morts ; notre Dieu ne peut nous mener à la mort que comme Sauveur.

D'ailleurs, c'est ce que nous confessons dans notre *Credo*. « Le Christ est descendu aux enfers ». Attention,

20. Is 53,7.

il n'est pas descendu en enfer ! Les enfers sont le monde des morts ; le Christ est allé chercher tous ceux qui l'ont attendu mais qui ne l'ont pas vu. Les icônes aiment représenter le Christ prenant la main d'Adam pour le faire sortir des enfers. Cet article du *Credo* souligne que le Christ est venu sauver tout homme sans exception, celui qui a vécu avant l'Incarnation, comme celui qui aujourd'hui se met à la suite du Christ.

« Oui, des chiens me cernent, une bande de vauriens m'entoure. Ils me percent les mains et les pieds ; je peux compter tous mes os » (v. 17). Comment ne pas penser à la passion du Christ. Une fois la proie rejointe, tout est joué. L'imminence est devenue certitude ; le Christ meurt avant de mourir. L'homme n'est plus que son corps ; les blessures atteignent mains et pieds. Tout déplacement est impossible. Le condamné n'est plus que son corps, que ses os qu'il compte. « Ces gens me voient, ils me regardent. Ils partagent entre eux mes habits et tirent au sort mon vêtement » (v. 18b-19).

Voué à la mort, le condamné n'a plus rien à lui, tous ses biens reviennent aux pouvoirs publics. Encore vivant, ses vêtements sont considérés comme inutiles pour lui. Sur la croix, le Christ rejoint ce condamné. Lui aussi a connu ce dépouillement ; il rejoint sa souffrance, comme la nôtre. Mais le Christ sait qu'il sauve le monde par ses souffrances. La croix aux yeux des hommes est un échec ; aux yeux de Dieu, elle est œuvre de salut et d'amour. Le Christ est monté en croix par amour, pour faire de nous des enfants bien-aimés du Père. Le moment de l'imminence est dépassé et c'est de là que jaillit le cri :

> « Mais toi Seigneur, ne sois pas loin : ô ma force, viens vite à mon aide ! Préserve ma vie de l'épée, arrache-moi aux griffes des chiens ; sauve-moi de la gueule du lion et de la corne des buffles[21]. »

Le psalmiste achève sa supplication ; l'exécution par l'épée approche. Proximité du condamné à son Dieu qu'il tutoie. Dieu rejoint l'homme au moment où il est attaqué par les bêtes. Dieu domine la mort ; la mort n'aura pas le dernier mot. Du moment qu'elle est là, Dieu montre davantage combien la mort lui est étrangère en n'intervenant qu'après elle. L'intervention divine est cachée dans le secret de la nuit et dans son silence. Le moment de la réponse est dans ce psaume, presque au seuil de la mort.

Il n'y a pas de transition. Le passage des larmes à la joie est abrupt et sans cause apparente. « Tu m'as répondu ! Et je proclame ton nom devant mes frères, je te loue en pleine assemblée » (v. 22c-23)

« Tu m'as répondu » fait écho à : « Tu ne me réponds pas ». Comme la mort était abandon, solitude, séparation, la vie se montre communion et le sauvé se tourne vers autrui pour proclamer le nom de son Sauveur. À peine sauvé, il entonne son chant vers les frères et devient le centre d'une assemblée. Comblé de la grâce du Seigneur, il la rend immédiatement pour en recevoir davantage.

« Dieu n'a pas rejeté, il n'a pas réprouvé le malheureux dans sa misère […] il entend sa plainte » (v. 25). À la différence des dieux païens isolés dans le septième ciel, des idoles

---

21. Ps 21 (22),20-22ab.

de bois qui ont une bouche et ne parlent pas, des yeux et qui ne voient pas, des oreilles et qui n'entendent pas[22] !

Notre Dieu n'a pas eu horreur des malheureux et du pauvre rejeté. Voilà ce qu'il faut proclamer : le Dieu de l'univers se préoccupe du malheureux s'il entend sa plainte. Alors, le condamné fait un vœu au cœur de sa détresse : partager un hymne et un repas : « Tu verras ma louange… les pauvres mangeront : ils seront rassasiés » (v. 26).

À tous ceux qui sont les chercheurs de Dieu, vie et joie seront pour toujours dans leur cœur. À chacun d'entre nous de faire mémoire des interventions de Dieu dans nos vies. C'est ainsi que nous demeurons avec Dieu et que nous l'appelons, comme nous lui rendons grâce.

« La terre entière se souviendra » (v. 28a). C'est un moment de l'histoire du Salut. L'expérience vécue par le psalmiste est un signe pour toute l'humanité : « Chaque famille des nations se prosternera devant lui » (v. 28b). Tout homme se tourne vers le Seigneur et reconnaîtra sa royauté universelle. Tous les puissants de la terre seront tenus de se prosterner devant le Seigneur ; eux dont les richesses n'ont qu'un temps, sont promis à la mort. Ces riches se courberont devant Dieu, mais ne procureront aucune louange. Ils sont au *shéol*, donc dans le silence.

N'est-ce pas l'évocation sur la Croix de la Royauté du Christ ? Un Messie crucifié, un roi couronné d'épines, voilà ce qui désarme ; on s'attendait à tout, mais sûrement pas à un Dieu qui a souffert, qui est mort et qui est

22. Cf. Ps 113B (115), 5-6.

ressuscité ; un Dieu qui vient mendier notre pauvre amour.

« Et moi, je vis pour lui : une descendance le servira ; on annoncera le Seigneur aux générations à venir. On proclamera sa justice au peuple qui va naître : Voilà son œuvre ! » (v. 31-32ab)

Ceux qui sont le plus loin de Dieu meurent, alors que la promesse faite à ceux que Dieu sauve est promesse du maître. Cette promesse est faite à la descendance du psalmiste. C'est aussi l'avenir d'Israël ; c'est surtout l'avenir de l'Église.

« Voilà son œuvre » (v. 32c). Dieu a agi ; il a vaincu la mort. Qui garderait pour soi cette nouvelle ? Il faut transmettre cette nouvelle aux générations à venir. La postérité qui transmet la louange est celle des pauvres qui sont des chercheurs de Dieu. Nous sommes tous des pauvres de Dieu ; nous ne le cherchons pas avec confiance ; notre désir d'être avec Dieu ne sera comblé que dans le face-à-face ; en revanche, durant notre pèlerinage sur terre, notre désir ne peut que croître.

Avec ce psaume 21, nous rejoignons la prière du Messie crucifié. Celui qui récite ce psaume, peut être sans le savoir, celui qui annonce le Sauveur à venir !

Dans la liturgie du Jeudi saint, après la procession au reposoir, le clergé revient vers le chœur, en chantant *recto tono* ce psaume, pendant qu'on procède au dépouillement de l'autel. À la fin, le prêtre dépose sa chasuble, le vêtement sacerdotal par excellence, sur l'autel, puis le clergé entre en silence à la sacristie. C'est le psaume 21 qui fait ainsi la transition entre le Jeudi saint, jour de l'institution de l'Eucharistie et du Sacerdoce, et le Vendredi saint, jour où se réalise le salut du monde.

De ce parcours biblique, retenons que le silence de Dieu ne date pas d'aujourd'hui ! Tout croyant, un jour ou l'autre est confronté à cette question au cœur du combat spirituel. Pourquoi Dieu semble se taire, alors qu'il n'est que parole ? On dit souvent que le christianisme est une religion du livre ; ce n'est pas exact ; c'est la religion de la Parole, c'est pourquoi d'ailleurs le silence de Dieu est insupportable !

Le christianisme, religion de la Parole

Osons le dire, nombre de catholiques prennent peu de temps pour lire la Parole de Dieu. Dans la prière, elle a parfois si peu de place ! Qui se confesse à partir d'un passage de l'Évangile ? Que de fidèles arrivent pendant, pour ne pas dire après la liturgie de la Parole, ne voyant pas que la liturgie de la Parole prépare à la liturgie eucharistique.

Le jeune saint Augustin avait lu une première fois la Bible ; il l'avait refermée, trouvant cette histoire intéressante, mais une histoire du passé. C'est saint Ambroise qui lui fit découvrir que cette Parole était toujours vivante. *Que te dit le Seigneur aujourd'hui ?*

Si nous voulons entendre le Seigneur, il faut intérioriser la Parole. Comme le dit Origène, Père de l'Église du IIIe siècle, il faut qu'elle prenne chair en nous, qu'elle blesse nos cœurs.

Arrêtons-nous sur la Révélation ; elle est révélation de quelqu'un à quelqu'un. Au départ, Yahvé fait alliance avec l'homme comme un Seigneur avec son Serviteur, puis progressivement comme un Père avec son fils, comme un ami avec son ami, comme l'époux avec l'épouse. La Révélation procède de l'initiative divine. Ce n'est pas l'homme qui découvre Dieu, c'est Yahvé qui se dévoile quand il veut, à qui il veut, et parce qu'il le veut.

Par la Révélation, l'homme est confronté avec une Parole qui réclame foi et accomplissement. Le péché consiste à ne pas vouloir entendre, à se durcir, à résister.

Ainsi, selon qu'elle est accueillie ou refusée, la révélation devient pour l'homme grâce ou jugement. N'oublions pas que la Parole de Dieu nous introduit à une communion avec Dieu en vue du salut.

Avec Jésus-Christ, la Parole intérieure de Dieu en laquelle Il s'exprime totalement, cette Parole se fait homme et devient Évangile, Parole du Salut. Le Christ est le seul parfait révélateur ; sa mission révélatrice s'enracine dans sa vie même au sein de la Trinité. Mais alors, comment lire la Parole ?

L'Évangile, comme l'Ancien Testament, doit être compris dans l'Esprit. Sa vérité n'est connue que de ceux qui savent transformer l'Évangile que nous venons d'entendre en Évangile spirituel. Tous les récits évangéliques, toutes les paroles du Christ abritent un mystère qu'il faut pénétrer. Pour y arriver, il faut la foi.

Pour saint Augustin, les saintes Écritures sont la voix de Dieu lui-même incarnée dans les lettres humaines ; les Paroles de l'Écriture sont divines en tant que c'est Dieu qui les donne aux hommes et que c'est lui qui agit par elles.

L'Écriture existe pour que l'homme puisse voir la lumière et entendre la Parole vivante de Dieu. La Parole de Dieu vient nous rejoindre sur ce que nous sommes en train de vivre et sa fonction est de nous élever vers Celui que nous ne pouvons voir, ni entendre corporellement.

L'Écriture devient alors le prolongement de l'Incarnation du Verbe en ce sens qu'elle permet un contact qui autrement serait impossible. C'est pourquoi la lecture priante de la Parole de Dieu, que la tradition appelle « *lectio divina* », est importante. Nous faisons alors l'expérience que Dieu n'est plus silence, mais Parole pour chacun d'entre nous.

La *lectio divina* consiste à chercher le Christ ; elle est une parole priée. Il est important de se préparer à lire la Parole avec un cœur libre. Alors le Christ se rend présent et lui-même explique la Parole.

Si la Parole est reçue sans préparation, sans foi, sans amour, elle ne vivifie pas. Le danger qui nous guette est l'écoute superficielle de la Parole de Dieu. « Quand l'homme entend la Parole du Royaume et ne comprend pas, c'est que le Malin vient et s'empare de ce qui a été semé dans son cœur[1]. »

Quelques points de repère à partir de ce petit ouvrage d'Enzo Bianchi : *Prier la Parole*[2]. Tout d'abord, « demandez l'Esprit, vous recevrez la lumière ». Tout comme au début de l'oraison, il faut nous présenter avec nos limites et nos faiblesses et nous ouvrir à la miséricorde divine. Ensuite, nous invoquons l'Esprit Saint pour qu'il nous illumine et que la rencontre avec le Seigneur soit possible, la Parole ne devient vivante que par l'Esprit.

1. Mt 13,19.
2. Enzo Bianchi, *Prier la Parole*, 1973, Albin Michel.

L'Esprit nous détache de nous-mêmes : nous ne pouvons pas nous mettre à lire la Parole si le centre de notre attention demeure notre moi. Il s'agit d'élever son cœur, c'est-à-dire tendre à la connaissance pénétrée d'amour. Cette connaissance amoureuse est celle du cœur ; cette lecture devient alors un cœur-à-cœur. Il nous faut adopter l'attitude de saint Jean penché sur la poitrine du Christ.

Ensuite « cherchez dans la lecture, vous trouverez la méditation », la lecture priante requiert le silence, la solitude et la fidélité. Il faut que Dieu puisse en placer une ! Ce que nous ne savons pas, nous l'apprenons dans la Bible. Ce que nous avons appris nous le conservons dans la méditation, comme le fit Marie ; ce que nous avons médité inspirera toute notre action.

Le moment le plus important dans la lecture est la rumination. « Goûtez et voyez comme est bon le Seigneur[3]. » Si dans la lecture l'attention est primordiale, c'est la mémoire qui intervient dans la rumination, mémoire du cœur qui accueille en soi la Parole. Cette rumination permet que le texte devienne Parole. Parfois au cœur de l'épreuve, au cœur du silence de Dieu, sa parole surgit en nos cellules intérieures.

Enfin, « réalisez la Parole, vous témoignerez du Seigneur. » L'écoute véritable de la Parole doit conduire à la pratique, la *lectio* est non seulement une école de prière, mais une école de vie.

Si la lecture de la Parole ne transforme pas ma vie, si elle ne me convertit pas, c'est que je suis resté à l'extérieur

3. Ps 34,9.

de cette parole. Voilà peut-être une première réponse à la question du silence.

Nous poursuivons sur la parole de Dieu. En grec, le mot révélation est « Apocalypse » qui signifie ceci : en un temps de crise, comme celui que nous vivons avec ce coronavirus, nous nous interrogeons sur notre sort – qu'allons-nous devenir ? Et sur la signification de ce drame que nous traversons encore avec toutes ses conséquences. Un messager de Dieu vient alors dévoiler l'histoire ; il reprend les choses vers l'arrière et montre que la fin est proche, une fin qui fera se retourner la situation. C'est dans ce climat que se produisent les révélations, avec un messager qui peut être un prophète comme Daniel ou un ange. Un livre est clos et il faut en faire sauter les scellés pour découvrir le mystère qu'il renferme et le comprendre, car il y a l'intelligence de la foi. Le mystère ne relève pas de la dialectique, de l'incompréhensible, mais du caché-révélé. C'est un dévoilement, un secret, une confidence que Dieu nous a faite.

Certains ont des révélations privées, encore faut-il qu'elles soient en conformité avec la foi. Toute révélation privée doit être soumise au discernement ! Ne faisons pas parler Dieu ; c'est lui qui a l'initiative. C'est lui qui mène l'histoire ; il nous éclaire pour nous faire apercevoir sa présence. Le problème de notre époque, c'est que nous nous sommes émancipés ; nous avons oublié le Maître de l'histoire à cause de notre orgueil. Cette épidémie vient de nous rappeler notre fragilité. Notre Dieu a un Verbe, donc il n'est pas muet ; il est loquace dans le mystère Trinitaire et pour lui, parler équivaut à agir.

Les mots paroles et événements sont les mêmes dans la Bible! L'événement est parlant, signifiant. Voilà une autre réponse à la question du silence de Dieu. À côté de sa Parole, il y a l'événement. Que veut nous dire le Seigneur à travers cette pandémie? Attention, il n'est pas l'auteur de ce drame; nous les connaissons! Mais Dieu est proche de ce que nous vivons. Ce n'est pas un dieu païen « confiné » au septième ciel! Il donne un sens à ce que nous vivons. Souvent à vue humaine, c'est le non-sens, d'où la révolte ou la peur; mais avouons qu'il faut du recul pour découvrir ce nouveau chemin proposé par Dieu. Que de politiques ont affirmé que nous allions vivre une autre époque! Mais que sera cette époque? Dieu retrouvera-t-il sa place dans cette société qui l'a évacué? L'homme créé à l'image de Dieu retrouvera-t-il sa dignité? Il a fallu du temps pour qu'on nous dise la détresse des personnes âgées! Tout être, âgé ou jeune, malade ou en bonne santé, a du prix aux yeux de Dieu. La course effrénée au profit sera-t-elle le moteur de l'économie? Pouvons-nous construire une Europe fondée uniquement sur l'économie! Quelles sont nos valeurs? Pourquoi avoir supprimé les valeurs chrétiennes, nos racines chrétiennes?

Dieu nous parle, non pas en nous donnant une leçon de morale, mais en nous faisant réfléchir et en nous invitant à retrouver le bon sens. Quand Dieu dit, il fait. Quand Dieu fait, il dit. Déjà chez les prophètes, pour parler du message de Dieu on utilise l'acoustique – le prophète est celui qui parle –, et l'esthétique – le prophète est le voyant. Il nous faut donc regarder et écouter l'événement; mais il y a la cécité spirituelle; cet aveuglement et cette surdité nous empêchent d'être à l'écoute!

Où Dieu nous parle-t-il encore ? Dieu nous parle à travers la Création, et à travers les créatures que nous sommes. Un beau paysage pose la question du Créateur ; et nous-mêmes, à la ressemblance de Dieu, nous devrions percevoir son existence et donc sa parole. Mais sommes-nous toujours conscients d'être à son image ?

Et si nous étions sur le chemin d'Emmaüs ? Rappelez-vous les deux disciples accompagnés par le Ressuscité qu'ils ne reconnaissent pas ! Leur foi pascale se fait par la compréhension, grâce au Christ, des anciennes Écritures. La foi chrétienne ne peut être que l'ajustement des deux testaments. Après le Christ, il n'y a pas de révélation supplémentaire ni équivalente. Le Père a tout donné à son Fils ; il n'a gardé aucun secret, hormis celui de la parousie, le retour en gloire du Ressuscité. Personne ne connaîtra la date, car tout vient du Père.

La relation à ce Dieu qui nous a tant aimés, tout donné, tout dit, tout pardonné est la spécificité du christianisme. L'acte d'amour est le don du Fils qu'il n'a pas épargné. Il n'y a vraiment révélation que si le Père nous donne son propre Fils une fois pour toutes et non du simili, sinon nous nous moquons du don de Dieu. Ainsi, être à l'écoute de la Parole, c'est suivre quelqu'un, vivre avec lui, le fréquenter, être son compagnon.

À travers le Nouveau Testament, c'est le Christ qui nous parle ; encore faut-il être à son écoute ! La Parole de Dieu se fait entendre en Jésus, ses paroles demeurent dans l'histoire comme les mots de Dieu. L'abaissement de Dieu se trouve là. Dieu qui se fait homme assume tout de l'homme, notamment le langage. Jésus, véritable Parole de Dieu, se soumet à l'expérience humaine d'approfondissement du langage. Dieu nous rencontre selon le mode le plus expressif et le plus compréhensible. Il se sert du langage, car il le possède pleinement. Il n'y ajoute qu'un caractère définitif : « Mes paroles ne passeront pas[4]. »

Jésus est bien révélateur et révélation de Dieu, car, en lui, Dieu sort librement de son silence et se fait connaître comme communion d'amour. Le Christ se trouve au centre ; en lui, les deux histoires, celle de Dieu et celle de l'homme, s'identifient. Le Christ est la vérité historique sur Dieu. C'est ainsi qu'il est la plénitude de la Révélation.

En conclusion de ce chapitre, si Dieu a choisi de parler le langage des hommes, cela signifie que ce langage est digne de Dieu et que l'homme est capable de dialoguer avec le Père. C'est dire que la Parole de Dieu doit être au centre de notre vie spirituelle. Dieu parle ; il est sorti de son silence. Mais on ne l'entend pas ! Finalement, c'est peut-être nous qui parlons trop et qui ne laissons pas Dieu s'exprimer. C'est souvent ce qui se passe dans la prière !

Mais peut-être que tel ou tel lecteur n'est pas satisfait de ma réponse. « Moi, je n'entends rien ! » Et je leur réponds : « Ouvrez la Bible. » Certains l'ouvrent au hasard, pensant trouver une réponse à leurs questions. Il est vrai que saint Augustin a fait cela dans la fameuse scène du jardin ; il entend un enfant qui criait : « Prends et lis[5] ! » Il prit donc les Écritures, ouvrit le livre et tombe sur le passage de la lettre aux Romains où Paul exhorte à quitter la vie ancienne, un appel à la conversion radicale :

4. Mt 24,35.
5. Saint Augustin, *Confessions*, livre VIII

c'est ce que fit Augustin. À travers ces quelques versets, Dieu a rejoint le désir du futur converti.

Faut-il lire ainsi la Parole de Dieu ? N'oublions pas que le Docteur de la grâce a lu l'ensemble des Écritures ! Comme il serait dommage de passer à côté d'une Parole qui pourrait être une réponse à nos questions angoissantes ! Il nous arrive de faire une sélection ou de rejeter tel passage parce que nous voulons nous donner bonne conscience et n'en faire qu'à notre tête ! Le Seigneur nous parle, nous en avons peur. Il me souvient un jeune qui était venu me voir pour un discernement d'une vocation ; à peine assis, il me dit : « Mon Père, surtout ne me dites pas que le Seigneur m'appelle au sacerdoce ! » Nous voulons bien faire la volonté du Seigneur si elle correspond à la nôtre. Alors, Dieu n'a plus qu'à se taire, Lui qui n'est que Parole. Dieu veut notre bonheur, mais il ne nous l'imposera pas.

Mais que mon lecteur ne se décourage pas. S'il n'a pas l'habitude de lire la Parole de Dieu, je lui propose un autre chemin, celui du désir intérieur. Certes, nous allons retrouver les Psaumes, mais cela rejoint notre être intérieur qui a soif de la réponse de notre Dieu.

Le désir de Dieu

Avant d'aborder la place du silence de Dieu dans la prière et de découvrir la nécessité du silence de l'homme, il nous faut réfléchir sur le désir, source de toute vie spirituelle, plus précisément le désir de Dieu qui se vit notamment dans le silence.

> « Mon épouse infidèle, je vais la séduire, je vais l'entraîner jusqu'au désert, et je lui parlerai cœur à cœur [...] Je ferai de toi mon épouse [...] dans la fidélité et la tendresse [...] et tu connaîtras le Seigneur[1]. »

Dans le cœur à cœur, les mots sont inutiles... Un regard, un sourire, un geste suffisent pour dire : « Je t'aime. » Si nous voulons entrer dans le silence de Dieu et le comprendre, seule l'expérience spirituelle pourra nous y aider. Mais sommes-nous des chercheurs de Dieu ? Notre cœur est-il tendu vers cette eau vive ? Il s'agit de notre prière... Le grand saint Augustin, commentant les Psaumes, écrit :

1 *Cf.* Os 2,16-22.

> « Ton désir, c'est ta prière ; si ton désir est continuel, ta prière est continuelle… ton désir continuel sera ta voix continuelle. Tu tomberas dans le mutisme, si tu laisses retomber ton amour. Le refroidissement de la charité, c'est le mutisme du cœur ; la flamme de la charité, c'est le cri du cœur. Si la charité demeure sans cesse, sans cesse aussi tu cries ; si tu cries sans cesse, sans cesse aussi tu désires[2]. »

Saint Augustin nous donne un critère pour vérifier si notre prière est désir et inversement : c'est la charité. Quelle grâce que tout notre être puisse devenir un saint désir, que notre prière soit la respiration de notre cœur. Ainsi, la première question est bien celle du désir. Rappelez-vous la première question du Christ aux disciples qui le suivaient : « Que cherchez-vous ? » et ceux-ci de lui répondre : « Où demeures-tu ? »

Il nous faut purifier notre désir, c'est bien le Christ qui nous y aide. Pour Nicodème, c'est la purification des désirs imparfaits. Dans le discours sur le Pain de vie, c'est la purification des désirs terrestres. Pour la Samaritaine, c'est la reconnaissance de sa misère. Pour le paralytique, c'est la reconnaissance de son impuissance. Chez Lazare, c'est la reconnaissance de son état de mort… Et je pourrai de même reprendre toutes les rencontres que Jésus a faites dans l'Évangile.

Le grand obstacle, c'est notre suffisance. Elle est sans cesse dénoncée par les Psaumes et les prophètes. Mais nous

2. Saint Augustin, *Commentaires sur les Psaumes*, XXXVII.

sommes rassasiés; la société de consommation suscite en nous des désirs superficiels qui disparaissent lorsque nous avons ce que nous désirons et grâce à la publicité de nouveaux désirs réapparaissent. Le désir spirituel est tout autre; il ne peut que croître! Mais pour cela, il nous faut accepter de dépendre de Dieu, ce qui suppose de changer de point d'appui, de ne plus s'appuyer sur nos propres forces, mais à cause de nos pauvretés, de s'appuyer sur Dieu. Cela s'appelle l'espérance ou, si vous préférez, c'est la grâce de la première béatitude : « Heureux les pauvres de cœur, car le royaume des cieux est à eux[3]. » En effet, un pauvre de cœur est prêt à tout recevoir de Dieu! Il ne négocie pas avec son Seigneur.

Mais devenir disciple du Christ, n'est-ce pas accepter de suivre le chemin du désir? Alors nous ne risquerons pas de succomber à la tentation de nous satisfaire des premiers résultats. Il est vrai que parfois nous nous arrêtons dans la première auberge venue, mais il ne faut pas s'y installer! On ne fait pas du sur-place en vie spirituelle, on avance ou on recule, et on recule souvent plus vite que l'on avance! Notre vie spirituelle est une ascension qui ne doit pas provoquer de découragement. Comme j'aime cette expression de saint Grégoire de Nysse, Père cappadocien du IVe siècle :

> « Celui qui monte ne s'arrête jamais d'aller de commencement en commencement; et les commencements des réalités supérieures n'ont jamais de fin. Jamais celui qui

---

3. Mt 5,3.

> monte n'arrête son désir à ce qu'il connaît déjà; mais s'élevant successivement, par un autre désir nouveau plus grand, à un autre supérieur encore, l'âme poursuit sa route vers l'infini à travers des ascensions toujours plus hautes[4]. »

Dieu demeure donc toujours « le *cherché* » et l'homme ne trouve Dieu qu'en le *cherchant* dans le silence et la contemplation : tel est le désir qui provoque une nouvelle ascension. Dieu est la source éternellement jaillissante dans l'Esprit. Elle tarit la soif mais non le désir. L'ascension n'est jamais achevée. Trouver Dieu consiste à le chercher sans cesse… Le désir de l'âme est comblé par là même qu'il demeure insatiable. « Car c'est là proprement voir Dieu que de n'être jamais rassasié de le désirer[5]. » N'allez pas croire que ce chemin est réservé aux mystiques. Nous sommes tous des mystiques grâce au baptême! Au cœur de tout homme, il y a ce désir de voir Dieu et d'entendre sa voix!

Arrêtons-nous quelques instants sur ce beau texte. Avant la célèbre *Montée du Carmel* de saint Jean de la Croix, Grégoire est comme le premier guide de la marche vers Dieu. Certes le mystère de Dieu est inaccessible car il est le Tout Autre : « Ô Toi, l'au-delà de tout, comment t'appeler d'un autre nom? Quel hymne peut te chanter? Aucun mot ne t'exprime[6] »… Et pourtant, il nous faut

4. Saint Grégoire de Nysse, Mariette Canévet (trad.), *La colombe et la ténèbre – Textes extraits des Homélies sur le Cantique des Cantiques*, Collection foi vivante, éditions de l'Orante, 1967.

5. Saint Grégoire de Nysse, *Vie de Moïse*, 405.

6. Poème de Saint Grégoire de Nazianze, dans Prières des premiers chrétiens, Desclée de Brouwer, Paris 1981.

faire cette ascension pour découvrir un reflet, avant la vision finale que nous aurons après notre pâque ! Lancé en avant, nous tournons le dos aux faux mirages, nous nous arrachons aux passions proposées par notre monde et qui paralysent notre essor. Celui qui se laisse séduire par les apparences s'arrête. Il piétine et ressemble à un homme qui marche sur la dune : elle s'ébroue dans ses pas et l'empêche d'avancer. Celui qui se laisse absorber par le plaisir ou le divertissement se donne l'illusion de marcher.

C'est dire que pour progresser, l'âme doit se dégager peu à peu de la pesanteur du sensible qui l'alourdit ; la foi est cet arrachement aux réalités terrestres pour recevoir de Dieu la nourriture qui vient du ciel, la manne qui s'adapte à notre besoin et à notre capacité. Non pas des provisions, une sécurité, mais juste ce qu'il faut, le pain du jour, comme nous le disons dans le « Notre Père ». Alors peu à peu perce une joie nouvelle qui vient d'ailleurs, c'est la douceur de Dieu ; le désert aux sables mouvants se peuple d'une présence qui semble la faire fleurir. Or, celui qui suit le Christ finit par le percevoir ; « Suivre Dieu partout où il mène, cela même c'est voir Dieu[7]. »

Il est vrai que le cheminement spirituel connaît des alternances de lumière et d'ombre, d'éblouissement et d'obscurité, de découverte et de solitude. Plus nous semblons approcher, plus la cime apparaît loin, car Dieu demeurera insaisissable, ce qui parfois nous déroute tout comme le silence. Mais saint Grégoire d'ajouter :

---

7. Saint Grégoire de Nysse, *Vie…*, *op. cit.*, 408.

« Cette connaissance de Dieu dans la ténèbre même, est une réelle connaissance et elle est susceptible d'un progrès infini. C'est là le grand secret : c'est en cela que consiste la véritable vision de Dieu dans le fait que celui qui se tourne vers lui ne cesse jamais de le désirer. Et c'est là réellement voir Dieu que de ne jamais trouver de satiété à ce désir[8]. »

En nous disant cela, Grégoire de Nysse ne veut pas nous décourager de faire de la théologie, bien au contraire ! Il veut que nous purifiions notre désir par l'humilité ; nous ne sommes que des créatures, mais créés à l'image de Dieu, ce qui nous permet l'union à Dieu dans la contemplation silencieuse. Écoutons-le une nouvelle fois :

« Dans les choses qui sont au-dedans des réalités d'en haut, il n'est pas permis à la créature de sortir de ses propres limites, mais elle doit se contenter de se connaître elle-même, et il convient alors de se taire. En ces choses, le silence est le meilleur[9]. »

Nous y faisons l'épreuve de la connaissance que Dieu a de nous et qu'il nous donne de lui, dans l'œuvre qu'il accomplit en nous. Le cœur s'apaise, en reconnaissant de plus en plus la source de cette vérité qui s'accomplit en lui : « Unifie mon cœur pour qu'il craigne ton nom[10]. »

8. XLIV, 404, A-D
9. XLIV, 732
10. Ps 86 (85),11.

Saint Augustin, dans son *Commentaire de la première lettre de saint Jean*, nous montre comment le désir dilate le cœur :

> « Toute la vie du chrétien est un saint désir. Ce que tu désires, tu ne le vois pas encore ; mais en le désirant tu deviens capable d'être rempli quand viendra ce que tu veux voir… Dieu en différant de se donner, dilate ton désir ; par le désir il élargit ton âme ; en l'élargissant, il la rend capable de le recevoir ; c'est cela notre vie, nous exercer par le désir[11]. »

Alors, comment n'être que désir ? C'est le rôle de la prière. La prière est un don du cœur et non un travail de l'esprit ! C'est un amour remontant à un autre amour et c'est là le fruit de l'Esprit Saint qui répand son amour en nos cœurs.

Le chrétien en quête de Dieu est assuré de le trouver, d'être comblé par-delà ses désirs, de biens si grands que la parole ne peut les décrire.

> « Notre amour est tout en désir ; il n'est pas encore comblé, mais tout ce que dans nos désirs nous demandons au nom du Fils unique, le Père le donne[12]. »

Et même si le chrétien par erreur, demande dans sa prière un bien qui ne lui convient pas, Dieu l'exauce en lui donnant une chose différente de celle qu'il demande

11. Saint Augustin, *Commentaire de la première lettre de saint Jean*, IV, 6.
12. Saint Augustin, Homélie sur saint Jean 86, 3.

et meilleure ! Mais où se situe le désir ? Dans notre cœur : « Dieu ne nous entend point à la façon humaine, mais par la présence de sa majesté[13]. »

Nous avons été créés pour cela : être saints, vivre dans l'amour, en présence de Dieu. Alors nous crions vers le Père non par la voix, mais par le cœur. Nous ne sommes plus dans l'ordre de la parole, mais dans le royaume du silence !

Rappelons-nous au début de notre prière que Dieu est présent en nos cœurs par sa présence de grâces ; présence d'immensité, parfois identifiée à l'inhabitation en nous de la Trinité Sainte. Je suis allé à Auschwitz plusieurs fois : nous ne trouvons pas les mots pour décrire l'horreur. Le silence règne tout au long de la visite : *Où est-il ton Dieu ?* Précisément dans ce silence.

Notre prière exige alors d'être intériorisée, parce qu'en son essence elle s'identifie à notre amour, lequel est notre véritable cantique et la réalité la plus intime de nous-mêmes. « Tu aimes, et en silence : l'amour lui-même, voilà le cantique nouveau[14]. » Il s'agit d'une prière qui doit devenir silence pour vibrer dans son originelle pureté.

À force de remonter dans la prière vers sa racine surnaturelle, on peut l'identifier avec le désir qui est le mouvement intime du cœur. D'où la prière incessante : les mots s'arrêtent, s'évanouissent, mais le désir, lui, subsiste sans défaillance. C'est là une des clefs de l'oraison.

---

13. SAINT AUGUSTIN, *Commentaire Psaumes*, *op. cit.*, V, 2.
14. SAINT AUGUSTIN, *Commentaires Psaumes*, *op. cit.*, LXXXV, 2.

> « Il est dans l'âme une autre prière, intérieure celle-là et qui n'a pas de cesse, c'est le désir. Quoi que tu fasses, si tu désires le sabbat éternel, tu ne cesses de prier[15]. »

Il n'y a qu'un mouvement de l'âme, c'est l'amour qui se traduit par le désir. Exercer notre désir développera notre union au Seigneur avec tout notre être. C'est pourquoi la prière nous transforme de l'intérieur ; nous nous adaptons à Dieu ; notre désir n'est plus un objet, mais Dieu lui-même et notre prière se termine alors par l'acceptation de la volonté du Père. La prière modifie notre être parce que nous nous modelons sur Dieu.

Mais cette prière est une école de vie. Il nous faut vérifier que notre prière soit vraie, c'est-à-dire vivifiée par un authentique sentiment de Dieu ; notre seul désir est la vraie charité.

> « Si tu veux être un amant de Dieu, aime-le dans une sincérité aussi profonde que la moelle de tes os et dans la chasteté de tes aspirations, aime-le, brûle pour lui, ouvre-toi à lui ; tu ne trouveras rien de plus joyeux[16]. »

Il est vrai qu'il faut de la patience, car ce n'est pas facile de devenir le vrai pauvre de Dieu. Il nous faut réaliser que prier, c'est devenir capable de Dieu !

Pour progresser dans notre prière, je vous invite à regarder le Christ. Il deviendra une présence, une présence que je ne peux saisir, mais qui m'entraîne toujours plus loin.

---

15. *Ibid.*, XXXVII, 14.
16. *Ibid.*, LXXXV, 8.

La prière fait vivre Jésus en nous. Il devient alors tout intérieur, non seulement modèle à suivre, mais celui qui est en nous comme lui est dans le Père, notre prière n'est plus seulement une prière à Jésus, mais la prière de Jésus en nous. Il n'y a pour l'homme d'accès véritable au Père qu'en Jésus. C'est quand l'homme a découvert Jésus qu'il fait une véritable expérience de la rencontre ; sa prière alors atteint sa perfection.

« Tout ce que vous demanderez en mon nom, je le ferai pour que le Père soit glorifié dans le Fils. Si vous me demandez quelque chose en mon nom, je le ferai[17]. » La prière de celui qui demeure en Jésus et en sa parole devient une entrée dans la vie Trinitaire. Plus j'entrerai dans l'intimité du Christ, plus je serai sûr d'être exaucé.

Nous ne sommes jamais seuls dans notre prière. Elle nous conduit à l'intimité avec le Père et elle ouvre notre cœur au monde entier par la charité. Elle reprend tout ce que nous sommes et, en nous purifiant, nous entraîne jusqu'aux profondeurs de Dieu. Elle est mouvement, sortie de soi pour être don à l'autre.

Il nous arrive parfois de compliquer notre prière. Dans l'Évangile, c'est si simple, la prière se contente d'exposer la réalité telle qu'elle est. Ainsi Marie à Cana : « Ils n'ont plus de vin[18]. » De même, Marthe et Marie : « Celui que tu aimes est malade[19]. »

La prière est aussi une demande. Ne soyons pas complexés parce que nous demandons quelque chose au

17. Jn 14,13-14.
18. Jn 2,3.
19. Jn 11,3.

Seigneur. Vérifions simplement que notre prière n'est pas qu'une demande incessante, mais aussi une louange et une action de grâce, sans oublier l'intercession. Il est vrai que l'homme se méprend parfois sur l'objet véritable de sa prière ; pourtant c'est le Bon Dieu lui-même qui l'exhorte à lui faire ses demandes, tout simplement pour respecter sa liberté ! Car Dieu sait bien ce dont l'homme a besoin !

Le Christ nous fait découvrir notre vrai désir. Nous partons du besoin immédiat pour nous élever jusqu'à la révélation de la vie véritable. C'est ainsi que la prière devient une profession de foi : c'est la prière de Nathanaël : « Rabbi, tu es le Fils de Dieu[20]. » C'est la prière de Pierre : « Nous croyons et nous avons reconnu que tu es le Saint de Dieu[21]. » C'est la prière de Thomas : « Mon Seigneur et mon Dieu[22]. »

Prier, c'est se laisser entraîner par le Fils avec son Père, loin de se replier sur elle-même, la prière s'ouvre pour embrasser le monde. Pour illustrer ce cœur à cœur qui se vit dans le silence, ouvrons la Parole de Dieu et les psaumes de désir.

20. Jn 1,49.
21. Jn 6,69.
22. Jn 20,28.

Les psaumes de désir

Toute relation avec Dieu commence par le désir ; désir d'être avec son Seigneur, désir d'être dans la paix au plus profond de son cœur ; désir de se confier à Dieu et de se tenir en sa présence dans le silence. Commençons par le psaume 62 :

> 2 Dieu, tu es mon Dieu, je te cherche dès l'aube : mon âme a soif de toi ; après toi languit ma chair, terre aride, altérée, sans eau.
>
> 3 Je t'ai contemplé au sanctuaire, j'ai vu ta force et ta gloire.
>
> 4 Ton amour vaut mieux que la vie : tu seras la louange de mes lèvres !
>
> 5 Toute ma vie je vais te bénir, lever les mains en invoquant ton nom.
>
> 6 Comme par un festin je serai rassasié ; la joie sur les lèvres, je dirai ta louange.

7 Dans la nuit, je me souviens de toi et je reste des heures à te parler.

8 Oui, tu es venu à mon secours : je crie de joie à l'ombre de tes ailes.

9 Mon âme s'attache à toi, ta main droite me soutient.

Ce psaume est un chant de haute spiritualité mystique. Il chante l'abandon total à Dieu et décrit la prière comme étant le désir ardent de Dieu. Autrement dit, la prière consiste avant tout à désirer Dieu.

L'âme est dans le temple ; la nôtre est dans notre cellule intérieure, à savoir notre cœur souvent blessé ; elle est heureuse, son désir renaît le matin et elle cherche l'eau vive. Ce psaume déborde de la joie d'être auprès de Dieu dans son sanctuaire. Point de parole ; nous sommes avec lui.

Nous connaissons, j'en suis sûr, ce désir assoiffé de Dieu et cette conversation avec Notre Seigneur. Nous le cherchons pour vivre en sa présence, car nous avons été créés pour cela. Notre vie se passe dans l'amour pur et pacifiant du don total de soi.

« Dieu, tu es mon Dieu » (v. 2), voilà le cœur du dialogue entre Dieu et l'âme contemplative ; il est notre Dieu, celui qui est si proche de nous, qui n'est que tendresse. Dès le début de notre prière, nous entrons dans l'intimité de notre Dieu ; comme enfants et fils de la lumière, nous lui appartenons ; il est bien notre Dieu, parce que nous sommes ses enfants.

Dès le début de notre recherche, l'âme est tendue vers le Seigneur. Dès l'aube, il y a cette tension positive ; dès notre levée, le premier geste n'est-il pas de se tourner vers le Seigneur, de lui confier notre journée ? Tout notre être est assoiffé de Dieu, nos fragilités, nos angoisses, nos questions aspirent aussi vers Dieu. Les expériences mystiques touchent l'homme tout entier.

« Mon âme a soif de toi », dit le psalmiste. Or, le drame de notre société de consommation, c'est que nous n'avons plus soif de Dieu. Notre chair est aride, sans eau, c'est-à-dire sans Dieu, un véritable désert, mais on préfère le désert à Dieu ! La prière nous conduit à la source et cette source, c'est le Christ. De son côté jaillit l'eau vive. Non seulement l'âme a soif, mais la chair languit après Dieu. Tout l'être fait par Dieu et pour Dieu soupire après lui. Parce que créé à l'image de Dieu, le corps est lui aussi tout désir.

Sans plus tarder, la soif dont souffre le suppliant – celui qui attend une réponse de Dieu et qui souffre de son silence – , est élevée au niveau de la haute spiritualité. Notre âme se tourne vers le temple, le lieu de la présence de Dieu, lieu de la rencontre ; dans le psaume, il s'agit bien sûr de Jérusalem, porte d'entrée de la Jérusalem céleste et le lieu de la contemplation de Dieu sur terre.

« Je t'ai contemplé au sanctuaire » (v. 3). Le Christ nous demande de nous retirer dans notre chambre, porte fermée, « pour prier le Père qui est présent dans le secret[1]. » N'oublions pas que notre cœur est le plus beau sanctuaire intérieur… encore faut-il y entrer !

1. Mt 6,6.

Mais que voyons-nous avec nos yeux intérieurs, les yeux de la foi et de l'amour ? La présence de Celui qui nous aime et qui a envie de nous le dire. Présence silencieuse qui est Parole. Pour une telle contemplation, il faut apprendre à demeurer, à s'installer dans notre cœur. D'où l'importance du recueillement, du silence. Nous le verrons plus loin. Je le dis souvent, nous vivons trop à la surface de nous-mêmes. Si seulement, chaque jour, nous prenions le temps de nous asseoir pour descendre en nos cœurs !

La contemplation nous fait comprendre que « l'amour de Dieu vaut mieux que la vie, alors tu seras la louange de mes lèvres » (v. 4). Oui, à l'amour fidèle de Dieu, nous ne pouvons répondre que par la louange. Comme l'écrit saint Paul : « Vivez dans l'action de grâces [...] ; par les psaumes, des hymnes et de libres louanges, chantez à Dieu dans vos cœurs, votre reconnaissance[2]. »

Nous sommes ainsi en communion avec la Trinité. La louange devient la raison d'être de la vie et de la contemplation; elle est notre soutien durant nos journées. Entre deux activités, n'hésitez pas à rendre grâce... pas simplement en disant : « Dieu, merci ! », mais en reconnaissant combien Dieu est là avec vous et qu'il agit à travers vous.

« Toute ma vie je vais te bénir, lever les mains en invoquant ton nom » (v. 5). C'est ainsi que nous établissons un pont entre Dieu et nous. C'est une louange en acte, signe d'ouverture sans repli à l'action de Dieu. Il nous faut prier avec nos corps et nos mains expriment notre prière, qu'elle soit louange, supplication, oraison...

2. Col 3,15-16.

Comme le dit le *Catéchisme de l'Église catholique* : « La prière de louange, toute désintéressée, se porte vers Dieu ; elle le chante pour lui, elle lui rend gloire, au-delà de ce qu'il faut, parce qu'il est[3]. »

Nous avons commencé le psaume par l'aube et nous voici maintenant plongés en pleine nuit. « Dans la nuit, je me souviens de toi et je reste des heures à te parler. » Voilà une belle définition de la prière : se souvenir de Dieu et lui parler. Le Pape François parle de sa prière « *mémorieuse* » : faire mémoire de Dieu dans sa vie quotidienne.

L'orant aime prier la nuit dans le Temple. Rappelez-vous la vocation de Samuel ! Il y a des fidèles qui aiment prier dans le silence de la nuit. Jésus priait son Père la nuit. Que dit l'orant pendant des heures ? Tout d'abord, il laisse parler le Seigneur et il découvre que sa présence fidèle l'invite à l'abandon et à la confiance. N'allez pas croire qu'il entend des voix ! Le silence de Dieu est sa présence.

« Mon âme s'attache à toi, ta main droite me soutient » (v. 9). La grâce de la prière est cette communion intime ; Dieu et l'âme ne font qu'un ; nous sommes désormais deux êtres unis, inséparablement. Abandon et confiance, car la main toute puissante de Dieu me protège et me donne la force dans le combat spirituel.

« Ne crains pas, dit le Seigneur dans le livre d'Isaïe, je suis avec toi ; ne sois pas troublé ; je suis ton Dieu. Je t'affermis ; oui, je t'aide, je te soutiens de ma main victorieuse[4]. » Nul danger ne pourrait troubler la paix de cette

---

3. *Catéchisme de l'Église catholique* (plus loin *C.E.C.*), n° 2649.
4. Is 41,10.

étreinte, quand l'homme s'attache à Dieu qui en même temps le soutient. Ces deux mouvements sont ceux de l'amour réciproque.

Forts de cette étreinte amoureuse et de la présence divine, nous pouvons lutter contre ceux qui pourchassent nos âmes, qui mettent en péril notre fidélité si fragile. Nos ennemis sont aussi ennemis de Dieu. Le psalmiste les envoie au *shéol* et ils serviront de pâture aux loups, c'est-à-dire qu'ils sont privés de sépulture et condamnés à errer sans cesse.

Nos ennemis ne sont pas forcément des hommes, ce sont aussi et surtout nos idoles, nos passions et tendances mal maîtrisées, notre monde de ténèbres... que sais-je ! Libre de ces ennemis, nous nous réjouissons avec notre Dieu. L'homme de mensonge aura enfin la bouche close et nous vivrons dans la lumière de la vérité. Nous sommes victorieux avec le Roi ; grâce à son amour plus fort que la mort, nous sommes les grands vainqueurs. C'est dire que le silence de Dieu n'est pas un désintérêt de sa part, mais l'assurance de sa présence.

En commençant par le psaume 62, nous trouvons les fondements de la prière. Devenir disciple du Christ, n'est-ce pas accepter de suivre le chemin du désir. Notre vie spirituelle est une ascension qui ne doit pas nous décourager. Dieu demeure toujours le « cherché » et l'homme ne trouve Dieu qu'en le cherchant ; tel est le désir qui provoque une nouvelle ascension. Dieu est la source éternellement jaillissante dans l'Esprit. Elle tarit la soif, mais non le désir. Dieu aime parfois se cacher pour faire grandir notre désir, ne baissons donc pas les bras ! Le psalmiste est habité par ce désir : « Seigneur, tout mon désir est devant toi[5]. » Et dans le psaume 41 : « Comme un cerf altéré cherche l'eau vive, ainsi mon âme te cherche toi, mon Dieu. »

Je ne peux que vous encourager à relire lentement le psaume 62, dans le silence, et à laisser résonner la Parole qui va rejoindre votre expérience spirituelle. Notre prière exige d'être intériorisée parce qu'elle s'identifie à notre amour, lequel est notre véritable cantique et la réalité la plus intime à nous-mêmes. « Tu aimes, et en silence : l'amour lui-même, voilà le cantique nouveau », écrit saint Augustin. Il s'agit d'une prière qui doit devenir silence pour l'identifier avec notre désir qui est le mouvement intime du cœur. Telle est la prière incessante.

C'est ainsi que nous découvrirons que le silence de Dieu est le signe de sa proximité : « Il est là ! » aimait dire le Curé d'Ars à ses paroissiens en montrant le tabernacle de sa petite église. Peut-être n'êtes-vous pas convaincus par ce psaume. Qu'importe ! Je ne me décourage pas et je vous en propose deux autres. Poursuivons avec le psaume 41.

> 2 Comme un cerf altéré cherche l'eau vive, ainsi mon âme te cherche toi, mon Dieu.
>
> 3 Mon âme a soif de Dieu, le Dieu vivant ; quand pourrai-je m'avancer, paraître face à Dieu ?
>
> 4 Je n'ai d'autre pain que mes larmes, le jour, la nuit, moi qui chaque jour entends dire : « Où est-il ton Dieu ? »

5. Ps 37,10

5 Je me souviens, et mon âme déborde : en ce temps-là, je franchissais les portails ! Je conduisais vers la maison de mon Dieu la multitude en fête, parmi les cris de joie et les actions de grâce.

6 Pourquoi te désoler, ô mon âme, et gémir sur moi ? Espère en Dieu ! De nouveau je rendrai grâce : il est mon sauveur et mon Dieu !

7 Si mon âme se désole, je me souviens de toi, depuis les terres du Jourdain et de l'Hermon, depuis mon humble montagne.

8 L'abîme appelant l'abîme à la voix de tes cataractes, la masse de tes flots et de tes vagues a passé sur moi.

9 Au long du jour, le Seigneur m'envoie son amour ; et la nuit, son chant est avec moi, prière au Dieu de ma vie.

10 Je dirai à Dieu, mon rocher : « Pourquoi m'oublies-tu ? Pourquoi vais-je assombri, pressé par l'ennemi ? »

11 Outragé par mes adversaires, je suis meurtri jusqu'aux os, moi qui chaque jour entends dire : « Où est-il ton Dieu ? »

12 Pourquoi te désoler, ô mon âme, et gémir sur moi ? Espère en Dieu ! De nouveau je rendrai grâce : il est mon sauveur et mon Dieu !

Le psaume 41 s'ouvre aussi sur le désir de Dieu. Il s'agit de la prière d'un exilé. Il est obligé d'habiter hors des limites de la Terre Sainte, mais sa pensée le ramène constamment vers le Temple de Jérusalem et la multitude en fête au milieu de laquelle il célébrait le Seigneur.

C'est l'histoire de notre âme, de tout notre être marqué par les épreuves et la tristesse ; mais le souvenir de Dieu et la foi en sa protection aimante sont plus forts que l'accablement présent : l'espérance renaît sans cesse et fleurit en un chant d'action de grâce qui trouve son lieu d'élection dans le Temple et dans l'action liturgique.

« Comme un cerf altéré cherche l'eau vive, ainsi mon âme te cherche toi mon Dieu » (v. 2). N'est-ce pas cette mélancolie qui habite le début de notre prière : d'un côté la soif lancinante et l'ardent désir de Dieu, et de l'autre côté le torrent desséché et le silence de Dieu ! Cette mélancolie nous empêche parfois de nous mettre en prière : *À quoi bon ?* Je prie et cela ne sert à rien : j'ai toujours mes questions et mes soucis, et ce silence de Dieu qui m'est insupportable ! L'effet auquel nous sommes le plus sensibles est un effet d'usure et de lassitude. L'enchantement des premières ferveurs se dissipe, la sensibilité s'émousse ; on avait envie de prier et voilà que l'envie disparaît, tous les prétextes sont bons pour s'excuser de ne plus prier. Tous ces signes nous invitent à changer en profondeur ; il faut alors que notre volonté cherche Dieu ; c'est un exercice actif de la foi. Alors notre persévérance nous fait cheminer sans que nous ayons des repères pour nous en apercevoir. Toujours prier sans jamais se lasser :

la Parole du Christ nous encourage, si du moins cela signifie quelque chose pour nous.

Chercher Dieu et paraître face à lui, voilà notre démarche. Mais je ne peux que paraître comme je suis, en vérité, avec mes limites et mes pauvretés et donc en m'aimant comme je suis. Bernanos disait que la grâce des grâces est de « s'aimer humblement soi-même comme n'importe lequel des membres souffrants de Jésus Christ ».

La prière peut consister simplement à venir à la lumière ; on s'approche du Seigneur dans la foi, en lui disant : «Me voici Seigneur ». On se présente devant sa face en ayant réellement pris avec soi le tout de notre propre vie. Notre vie sous le regard de Dieu, offrant simplement nos mains ouvertes, notre visage et notre corps gravés par la pointe dure de l'existence. Au dernier jour de notre vie, que pourra être notre prière sinon une offrande muette de tout notre être ?

La prière nous tourne vers Dieu dans l'expérience et le désir. Elle nous tourne vers ce qui adviendra. Dans l'enfance se présentent à Dieu des désirs souvent irréalisables ; mais avec le temps, l'essentiel de la prière n'est plus de demander à Dieu telle ou telle chose, mais de recevoir de sa main cette vie. En vous disant cela, je ne suis pas contre la prière de demande, mais face à la lassitude, il faut découvrir que la prière est un accueil de ce qui vient, à savoir le Seigneur et son Royaume.

Tout cela s'accomplit dans la durée de notre vie. Il est vrai qu'à la longue, la prière peut se faire plus diffuse ; on ne sait plus trop où elle commence et où elle finit, tant on reconnaît que c'est toute notre vie qui se déroule sous le regard de Dieu. Ou bien elle connaît de larges silences ; ou elle se concentre dans quelques phrases – voire dans un mot comme chez les moines d'Orient ! Notre prière change et c'est l'indice que l'Esprit veut nous conduire plus loin.

Revenons au psaume : « Mon âme a soif de Dieu, quand pourrai-je m'avancer, paraître face à Dieu ? » (v. 3). L'exil pour le psalmiste, loin du Temple et notre exil, encore si loin du Royaume. Mais l'exil de l'homme n'est jamais achevé en cette vie, la distance d'avec Dieu jamais abolie, d'où ce silence apparent.

Loin de Dieu, nous nous desséchons et, coupés de Dieu, nous risquons de mourir de soif. Nous entendons cette parole du Christ : « Si quelqu'un a soif, qu'il vienne à moi, et qu'il boive[6]. » Alors n'hésitons pas, malgré cette lassitude à reprendre le chemin qui nous conduit à la source du bonheur. Mais ce chemin est parfois bien caché.

« Je n'ai d'autre pain que mes larmes, le jour la nuit, moi qui chaque jour entends dire : où est-il ton Dieu ? » (v. 4). Dieu se cache ; il ne semble pas nous exaucer ! C'est pourquoi nous versons ces larmes amères ! Comme le psalmiste, nous sommes dans un monde païen : « Où est-il ton Dieu ? » Nous sommes sensibles à cette raillerie, car nous souffrons nous aussi du silence de Dieu. C'est une parole injurieuse envers le Seigneur qui paraît impuissant à sauver le monde. Mais le Christ a connu lui aussi cette

6. Jn 7,38.

raillerie sur la Croix : « N'es-tu pas le Christ ? Sauve-toi toi-même, et nous aussi[7] ! »

Loin de Dieu, nous demeurons tournés vers lui en scrutant la lumière divine qui se lève au fond des ténèbres. Comme l'écrit saint Augustin : « Si les baptisés savent dans quel exil passe leur vie et en quel lieu ils doivent parvenir, peut-être seront-ils embrasés d'une ferveur encore plus grande. » Ah ! Cette petite espérance qui n'a l'air de rien du tout, mais qui nous fait avancer malgré tout !

Dans la sécheresse que nous pouvons connaître, les larmes sont aussi une bénédiction, car elles irriguent le cœur. Il a manqué à Judas de ne pas savoir ou vouloir pleurer, comme l'a fait Pierre après son reniement. Le pain des larmes nourrit la tendresse de l'âme et lui évite toute dureté. Notre tristesse est alimentée par le souvenir : « Je me souviens et mon âme déborde : en ce temps-là, je franchissais les portails » (v. 5).

Dans une vie spirituelle, le souvenir est essentiel. Parfois le présent resserre le cœur et on désespère ; en revanche, les merveilles de Dieu dans le passé remettent les choses en place et un flot de joie remonte du fond de l'âme, qui a préparé les larmes. Alors le silence de Dieu commence à devenir parole.

Au début de notre vie de prière, on franchissait les portails, on se sentait en présence de Dieu, puis c'est le désert ! Ne cherchons pas la raison de ce changement dans la prière ; il nous faut découvrir que nos oraisons apparemment stériles sont d'un grand profit. Notre foi

7. Lc 23,39.

sortira plus pure et plus forte de cette marche dans le désert, où rien ne pousse, où l'on ne rencontre personne, où l'on n'entend rien ! N'oublions pas que dans de telles oraisons bien sèches, notre désir de retrouver le Christ va s'intensifier ; en effet sa grâce nous sera donnée d'autant plus abondante que nous serons plus vides et plus arides ; et cette aridité a un nom, c'est l'espérance.

Enfin nous ne faisons pas oraison pour les joies ressenties, mais pour l'amour et la gloire de Dieu. Ainsi comprenons-nous mieux le psalmiste : « Pourquoi te désoler, ô mon âme et gémir sur moi ? Espère en Dieu ! De nouveau je rendrai grâce : il est mon Sauveur et mon Dieu ! » (v. 6).

Voilà les gémissements dont parlait saint Paul dans sa lettre aux Romains : « Nous-mêmes, qui possédons les prémices de l'Esprit, nous gémissons aussi intérieurement dans l'attente de la rédemption de notre corps[8]. » Notre Dieu va nous recréer ; il va fortifier notre être intérieur ; alors « de nouveau je rendrai grâce : il est mon sauveur et mon Dieu ! »

L'action de grâce revient malgré la désolation ; chaque mouvement de la lamentation se termine par un sursaut d'espérance. Le psalmiste se donne du courage. Il exprime la tentation de la tristesse et le moyen d'en sortir : échapper à soi-même et à la complaisance en sa douleur, se tourner vers Dieu, l'unique motif de son espérance. Oui, « si mon âme se désole, je me souviens de toi ». Il faut savoir renoncer à la présence sensible de Dieu pour accéder à une plus parfaite intimité avec lui. Il faut

8. Rm 8,23.

consentir à la nuit pour accéder à la vraie lumière. Il faut savoir tenir face au silence.

Le psalmiste traverse cette nuit, cette grande épreuve que connaissent les mystiques; ses souffrances ont une dimension inexprimable. « L'abîme appelant l'abîme à la voix de tes cataractes, la masse de tes flots et de tes vagues a passé sur moi » (v. 8). Malgré l'épreuve et au cœur de l'épreuve, le contact avec le Seigneur est constant; ce n'est plus nous qui cherchons Dieu, c'est Dieu qui vient nous assister dans notre détresse. Voilà le mouvement de la prière : parole adressée à Dieu, mais plus profondément, elle est l'œuvre de Dieu qui agit avec nous et en nous. Tout sentiment d'éloignement spirituel est oublié. Le jour, le psalmiste expérimente l'amour du Seigneur et la nuit, il le chante.

« Au long du jour, le Seigneur m'envoie son amour; et la nuit, son chant est avec moi, prière au Dieu de ma vie. » (v. 9). Dieu est notre vie, il nous ménage en nos âmes des îlots de sécurité; notre âme fragile se découvre aimée et reprend son action de grâce inspirée par l'Esprit. Le jour, nos occupations nous laissent le sentiment d'être guidés par Dieu et dans le calme de la nuit, nous découvrons la sollicitude de notre Dieu. Mais Dieu joue aussi à cache-cache avec nous. Rappelons-nous le mot que Pascal prêtait au Christ : « Console-toi. Tu ne me chercherais pas si tu ne m'avais trouvé[9]. »

9. Pascal, *Pensées*, 553.

Mais l'épreuve revient avec ses doutes et les affres de la solitude, et le remède en est de nouveau l'espérance et le chant : « Je dirai à Dieu, mon rocher : pourquoi m'oublies-tu ? Pourquoi vais-je assombri, pressé par l'ennemi ? » (v. 10). La prière s'affermit ; l'exilé précise le motif de son angoisse spirituelle : il est entouré d'ennemis qui sont les ennemis de Dieu.

Pourquoi m'oublies-tu ? Il est vrai que le silence de Dieu est parfois difficile à supporter. Mais comment faire pour que ce silence de Dieu soit présence et parole ? Il me semble que nous regardons trop notre misère ; il ne s'agit pas de l'écarter, mais de se tourner vers le Seigneur et de nous donner à lui comme nous sommes. Nous perdons notre temps à nous lamenter en nous regardant, au lieu de dilater nos cœurs en regardant le Bon Dieu.

Ce qui nous trompe, c'est notre habitude de vivre par la sensibilité et de ne croire qu'à ce que nous voyons ou sentons. N'ayons pas peur des prières arides. Lui, le Père les aime ! Nous ne saurons que dans l'éternité le prix de ces temps d'oraisons distraites et desséchées ; nos heures difficiles sont les heures de Dieu : « Pourquoi m'oublies-tu ? » Il nous laisse nous débattre dans les ténèbres pour nous montrer ce que nous sommes ; puis il les remplace d'un seul coup par la clarté et la vigueur, pour nous rappeler qu'il est là et qu'il nous aime.

L'âme alors n'a qu'à faire silence, elle aussi, pour trouver ce silence tout orienté vers Dieu. Une âme qui se tait devant Dieu : dans une attitude toute de silence, mais d'un silence qui est un aveu de son impuissance, de sa dépendance, un silence qui est une attitude d'humilité. C'est un simple silence tout plein du désir de Dieu : c'est lui que l'âme cherche en ce silence, c'est pourquoi ce silence – celui de Dieu et le nôtre – est une prière, l'attente d'un don. Le silence de l'âme dans lequel elle se sent cachée, ce qui lui échappe dès qu'elle se met à le chercher.

Alors nous découvrons que la prière n'est pas seulement une activité passagère, c'est l'expression d'une disposition habituelle profondément inscrite dans l'âme. Ce silence intérieur dans lequel l'âme demeure, bien qu'elle semble n'y rien trouver, parce qu'elle pressent que quelque chose, même caché, laisse tout de même soupçonner une présence.

Alors comme le psalmiste, nous pouvons terminer par les mêmes versets : « Pourquoi te désoler, ô mon âme et gémir sur moi ? Espère en Dieu ! De nouveau, je rendrai grâce : il est mon Sauveur et mon Dieu ! »

Le psaume suivant, le psaume 42, est lié à celui que nous venons de méditer.

> 1 Rends-moi justice, ô mon Dieu, défends ma cause contre un peuple sans foi ; de l'homme qui ruse et trahit, libère-moi.
>
> 2 C'est toi, Dieu, ma forteresse : pourquoi me rejeter ? Pourquoi vais-je assombri, pressé par l'ennemi ?
>
> 3 Envoie ta lumière et ta vérité : qu'elles guident mes pas et me conduisent à ta montagne sainte, jusqu'en ta demeure.

> 4 J'avancerai jusqu'à l'autel de Dieu, vers Dieu qui est toute ma joie ; je te rendrai grâce avec ma harpe, Dieu, mon Dieu !
>
> 5 Pourquoi te désoler, ô mon âme, et gémir sur moi ? Espère en Dieu ! De nouveau je rendrai grâce : il est mon sauveur et mon Dieu !

« Rends-moi justice, ô mon Dieu, défends ma cause contre un peuple sans foi ; de l'homme qui ruse et trahit, libère-moi. » L'orant reprend le chemin de retour au Temple et adresse ce chant à Dieu qui est son guide. Ce n'est pas la désolation, mais la confiance : rends-moi justice, libère-moi ! Nous nous en remettons à Dieu, lui seul peut nous libérer de ce peuple sans foi qui nous ridiculise et qui blasphème sans cesse.

Notre prière oscille entre la confiance et nos questions, nos inquiétudes, voire nos angoisses : « Pourquoi me rejeter ? » Notre prière est lutte, combat, recherche, protestation, demande, justice. Dieu ne peut pas faire la sourde oreille ; il donne beaucoup plus que ce que nous avions demandé. Il envoie la lumière et la vérité qui guident nos pas sur ce chemin du retour. Nous le savons bien, il n'est pas facile de descendre en nos cœurs ; nous avons besoin d'être dans la vérité ; c'est peut-être pour quoi la prière nous fait peur ; pourtant Dieu nous aime comme nous sommes. C'est avec cette assurance que « j'avancerai jusqu'à l'autel de Dieu, vers Dieu qui est toute ma joie » (v. 4). Nous retrouvons notre joie, car nous avons la certitude d'être exaucés. Ainsi la prière commencée en lamentation atteint son terme avec l'action de grâce. Tout n'est plus que jubilation. Le psalmiste ne pense plus qu'au jour, où, revenu à Jérusalem, il s'avancera jusqu'à l'autel de Dieu pour le louer en signe de reconnaissance.

Dieu est déjà présent en notre cœur par sa lumière qu'il répand, par la fidélité de son appui. Notre liturgie nous offre de quoi nous nourrir et apaiser notre subjectivité; elle canalise dans l'immense prière du peuple de Dieu tout ce qu'une âme sensible peut éprouver quand elle se met en marche vers son Seigneur. D'où ce refrain qui achève le psaume : « Pourquoi te désoler ô mon âme, et gémir sur moi ? Espère en Dieu ! De nouveau je rendrai grâce : il est mon sauveur et mon Dieu. »

Ne cédons pas à la tristesse, fruit de la tentation ici. Il ne nous faut voir en Dieu que notre Sauveur. C'est pourquoi toute prière s'achève par la confiance et l'abandon, comme celle de frère Charles de Foucauld :

> « Je remets mon âme entre tes mains, je te la donne, mon Dieu, avec tout l'amour de mon cœur, parce que je t'aime, et que ce n'est un besoin d'amour de me donner, de me remettre entre tes mains, sans mesure, avec une infinie confiance, car tu es mon Père. »

Ces trois psaumes nous rejoignent dans notre expérience. Mais nous devons aller plus loin. Nous avons évoqué le silence de Dieu; il nous faut maintenant réfléchir sur notre silence. Car c'est dans notre silence que nous comprendrons celui de Dieu.

Le silence n'est pas si simple pour chacun d'entre nous ; nous parlons et nous avons du mal à laisser parler. Nous le vérifions constamment dans notre prière où Dieu a du mal « à en placer une ». C'est pourquoi, dans cette seconde partie, je souhaite vous aider à trouver ce silence, seule condition pour que celui de Dieu soit réponse à ce que vous vivez, surtout dans les moments difficiles que nous traversons.

SECONDE PARTIE
LA PRIÈRE

Dieu parle dans la prière

En effet, il y a un autre lieu où Dieu parle, c'est dans la prière. Je vous propose quelques pages sur l'oraison, qui, je l'espère, vous aideront à découvrir comment le silence de Dieu devient Parole. En parlant de la prière, nous sommes sans aucun doute à la source, car nous évoquons notre relation intime avec notre Dieu. Mais à bien y réfléchir, ce n'est pas si facile d'entrer dans un tel mystère qui concerne notre vie intérieure. Commençons par le combat spirituel.

La plupart des chrétiens reconnaissent qu'il leur arrive de prier, même s'ils ne sont pas des grenouilles de bénitier ! Ils pourraient se retrouver dans l'expression thérésienne :

> « Pour moi, la prière, c'est un élan du cœur, c'est un simple regard jeté vers le ciel, c'est un cri de reconnaissance et d'amour au sein de l'épreuve, comme au sein de la joie[1]. »

J'imagine que pendant la pandémie de covid-19, Dieu a entendu des cris, des pleurs, des paroles désespérées, nouées ; peut-être aussi des actions de grâces pour

1. Sainte Thérèse de Lisieux, Manuscrit C, 25, 2

des guérisons, des retours à la maison... En revanche la plupart reconnaissent qu'ils ne prennent guère le temps de s'arrêter pour prier un peu longuement. Alors pourquoi ?

Nous sommes dans un monde où seul compte l'efficacité, le rendement ; on se demande alors si nous avons le droit de perdre du temps pour Dieu. Les monastères sont là pour prier à notre place. Le père abbé de l'abbaye de Sept-Fons me racontait un jour cette belle histoire : « Des fidèles laïcs ne trouvant pas le temps pour prier s'adressaient à des prêtres en leur disant : vous avez du temps pour prier, alors priez pour nous. » Tel un ballon de rugby ils l'avaient laissé aux prêtres qui, sans tarder l'ont laissé aux moines, ces spécialistes de la prière qui n'ont que cela à faire ! Mais les moines, eux aussi, ont beaucoup de travail... alors de nouveau, l'envoi du ballon aux religieuses qui, avec dextérité le lancent au ciel vers le Bon Dieu... Un ballon bien creux malheureusement ! On se refile la prière, car nous n'acceptons pas nos propres responsabilités vis-à-vis de la prière. La fonction sacerdotale de tout baptisé n'est-elle pas de présenter toutes les intentions du monde à Dieu ?

Nous sombrons dans l'activisme ; nous nous imposons des urgences, voire nous nous les créons et Dieu passe après, c'est-à-dire le lendemain ! Peut-être que l'expérience du confinement nous a redonné le goût de la prière ; oui, nous avons le droit de laisser nos téléphones et tablettes pour goûter et voir comme est bon le Seigneur !

« Heureux qui trouve en lui son refuge[2]. » Non pas pour fuir le monde, mais pour trouver un endroit à l'écart et vivre un peu plus en présence de Dieu. Ce refuge peut être notre chambre, un coin prière, devant la nature, une icône, un crucifix, que sais-je ! Mais ce lieu à l'écart, c'est aussi et d'abord notre cellule intérieure, notre cœur. Tous les saints nous ont dit la place irremplaçable de la prière personnelle et prolongée dans leur vie. Ainsi Thérèse d'Avila : « Tous les biens me viennent de l'oraison. »

Certes la prière peut m'aider à recharger les batteries spirituelles, mais c'est d'abord un temps de gratuité ; il est gracieux, gratuit. C'est une rencontre d'amour et il faut du temps ! L'oraison est la réponse à la demande du Christ : « Demeurez en mon amour[3]. »

Nous sommes dans un monde de l'avoir ; le confinement nous a permis de retrouver le monde de l'être ! Si nous pouvions redécouvrir que la valeur d'une vie vient de la qualité d'amour que nous faisons passer dans nos œuvres. Ne faisons pas de chiffre, soignons la qualité de la présence !

Que de fois ai-je entendu : « Je n'ai pas le temps. » Mais nous arrivons toujours à faire ce que l'on veut faire. Pendant deux mois de vie cloîtrée, avons-nous pris ce temps pour Dieu ? Les disciples, eux aussi ont connu le confinement au Cénacle jusqu'à la Pentecôte ; cinquante jours ! Il est vrai que Marie était là et qu'elle a dû parler de son Fils et invitait à la prière.

2. Ps 33,9.
3. Jn 15,9.

Que de temps perdu en une journée ! Et si ce temps était pour Dieu. Je peux vous citer d'autres slogans qui nous empêchent de prier longuement : « Je n'ai pas un tempérament de contemplatif. » Mais par le baptême, nous sommes tous des mystiques. Prier est une faculté naturelle des enfants de Dieu. Même les hyperactifs peuvent contempler ! On rapporte que le Curé d'Ars était très agité pendant ses oraisons !

Autre refrain : « J'ai essayé, mais c'est trop difficile. » Mais la prière comme le véritable amour est difficile. Qu'est-ce qui est difficile ? L'impression de perdre du temps ? l'inefficacité ? le silence ? Pourtant il ne s'agit pas tant de réussir son oraison que de se laisser envahir par la présence du Christ. Qui peut dire d'ailleurs qu'il a réussi son oraison ? Il peut voir des fruits comme la paix et la joie intérieures. Nous écouterons plus loin sainte Élisabeth de la Trinité.

Autre difficulté rencontrée : « Demain, je m'y mets ! » Les incessants délais, tout comme pour les régimes ! Cela concerne le problème de notre volonté qui est blessée. Comment se fait-il que lorsque je veux lever le bras, j'y arrive quasi automatiquement, et quand je veux prier, je ne peux pas m'y mettre ? Tout simplement parce que je ne veux pas vraiment. Mon péché m'empêche de prendre une décision spirituelle. Le péché nous rend esclave et paralyse notre liberté intérieure.

Une autre question : « Pourquoi dans la prière on ne rencontre que soi ? » Cependant la prière authentique est la rencontre de l'Autre, de celui qui habite en nos cœurs ; parfois notre moi est envahissant et étouffe un Moi plus profond que moi-même, ce Moi qui est le Seigneur en personne.

Enfin le dernier slogan : « Je n'arrive pas à faire le vide ! » Mais quelle erreur ! Il ne faut surtout pas faire le vide, mais le plein : le plein de la Parole de Dieu – comme nous l'avons dit dans les chapitres précédents –, le plein d'amour de Dieu, le plein de sa présence. Attention de ne pas se creuser des citernes vides ; on met le couvercle dessus et on n'arrive plus à en sortir ; le résultat est la dépression spirituelle.

Nous nous mettons à l'écoute du Verbe. Certains me disent qu'ils n'entendent rien ; nous retrouvons la question du silence de Dieu. Nous n'entendons pas de voix et c'est très bien. Nous ne sommes pas Jeanne d'Arc ! Cependant Dieu parle… Nous le verrons plus tard. Oui, il faut nourrir nos prières de la Parole de Dieu.

Après avoir vu ces slogans qui nous empêchent de nous mettre en prière, regardons maintenant nos peurs souvent inconscientes. Tout d'abord avec la prière, les idées s'évanouissent. En effet, si vraiment nous croyons que Dieu est présent à ce rendez-vous, alors nous nous trouvons en face de lui. Nous rencontrons notre Créateur, le Tout-Puissant, le Trois fois saint. Il est facile de brasser des idées sur Dieu ; c'est autre chose quand Dieu est là ! Nous avons peur d'être avec lui ! D'où vient cette peur ? De notre éducation, des restes de jansénisme, de nos misères comme si Dieu était un voyeur, de nos manques de foi ? Pourtant nous sommes appelés à ce face-à-face : nous le verrons tel qu'il est !

Il y a comme un paradoxe : on veut que Dieu parle, mais n'entendre que ce qui va dans notre sens ! Or, avec Dieu, on ne négocie pas ! Dieu est Dieu et nous ne sommes que de pauvres créatures.

La deuxième peur est la connaissance de soi. Le génie de saint Augustin est d'avoir trouvé le chemin pour rencontrer Dieu : il s'agit de passer par l'intime de soi-même. Ce chemin sera le point de départ de la spiritualité carmélitaine. Reviens vers ton cœur ! En effet, pour arriver à la vérité de notre être, il nous faut passer par l'intime de nous-mêmes. Mais ce n'est pas si facile de nous connaître. Il nous faut commencer par découvrir nos limites et les accepter. Pourtant, nous devenons adultes dans la foi lorsque nous avons fait ce travail. Pas si simple de nous connaître, pas si simple de nous aimer tel que nous sommes.

L'autre peur rejoint la première, la place de mon interlocuteur. Si je crois que Dieu est présent, je ne peux être qu'en adoration. Je ne suis pas face à un camarade, mais face à Dieu. C'est-à-dire que dans la prière, je dépends de Dieu, et j'accepte d'accueillir un jugement sur moi et par conséquent une mort à moi-même. Mais Dieu n'est pas là pour nous juger ; il vient mendier notre amour comme aime le rappeler la petite Thérèse.

Dieu attend le don de nous-mêmes, surtout celui de notre liberté. Dieu nous respecte jusque-là ; si je ne lui donne pas ma liberté, il ne fera rien, il restera silencieux. Me voici Seigneur, je viens faire ta volonté ! Ou, comme le dit le bienheureux Charles de Foucauld : « Mon Père je m'abandonne à toi, fais de moi ce qu'il te plaira. » Sommes-nous prêts à aller jusque-là ?

Enfin, la dernière peur est celle qui concerne le sujet de ce livre, le silence. Il faut du temps pour admettre que prier, ce n'est pas d'abord parler, mais entrer dans le silence de Dieu. Quelle conversion : se taire pour laisser Dieu parler! Se taire est une condition du silence, ce n'est pas le silence. Prier, c'est accepter de plus en plus d'entrer dans le silence de Dieu pour lui prouver notre confiance. Dieu parle par son silence; mais nous avons du mal à admettre que Dieu puisse parler autrement que par des paroles, des gestes, des actions visibles. Ce silence divin est une révélation mystérieuse : pour y entrer, il faut comprendre sa présence et son amour. Le silence de Dieu est insaisissable et inaccessible et pourtant celui qui prie peut le saisir. Après avoir vu les objections et les peurs, achevons par les obstacles.

Je commence par un obstacle majeur : les distractions – mais nous en sommes tous là! Le père Besnard, dans *Propos intempestifs sur la prière*, écrit :

> « La première chose dont tu as besoin, c'est de laisser reposer ton âme comme le chimiste laisse reposer une solution trouble. Alors ton cœur pourra retrouver cette unique chose que le Seigneur a dite nécessaire : ton intelligence, la vérité et ton esprit, l'Esprit de Dieu[4]. »

Le Catéchisme de l'Église catholique parle de nos distractions : « Partir à la chasse des distractions serait tomber dans leurs pièges, alors qu'il suffit de revenir à notre cœur[5]. » En effet, chasser une distraction, c'est alimenter la distraction. Il nous faut plutôt revenir en nos cœurs.

---

4. P. Albert Besnard, *Propos intempestifs sur la prière*, éd. du Cerf, 2008.
5. *C.E.C.* n° 2729.

Le deuxième obstacle est la recherche de ce que j'ai demandé. « Mon Père, à quoi bon ! Je n'obtiens rien ! » Il est vrai que le Seigneur nous exhorte à demander pour recevoir ; certes, il connaît ce dont nous avons besoin pour notre épanouissement spirituel, mais il nous laisse la liberté d'exprimer nos demandes. Que demandons-nous ? Si pour Dieu ce sont des choses nécessaires, il nous comblera ; n'oublions pas que le Seigneur prend son temps pour nous répondre, non pas pour le plaisir de nous faire attendre, mais pour affiner notre désir et nous préparer à accueillir le don. Dieu répond toujours à nos demandes, mais pas toujours comme nous l'attendions ! Il faut « loucher » pour voir ce que le Seigneur nous a donné, non pas sur l'assiette de l'autre, – là c'est de la jalousie spirituelle ! Je n'ai pas les grâces de Thérèse d'Avila, et je me réjouis de ses grâces pour l'Église. Regardons à côté pour découvrir, parfois après plusieurs semaines, que le Seigneur nous a donné beaucoup plus que ce que nous avons demandé. J'ai pu le vérifier personnellement plusieurs fois !

Le troisième obstacle se traduit par : « Mon Père, je prie, mais je ne ressens rien. » Point n'est besoin d'avoir des extases, des visions pour être un grand priant. La petite Thérèse n'a jamais eu d'extase ; elle n'était pas la plus pieuse du Carmel ; elle n'a jamais cherché des phénomènes sensationnels ! Elle croyait que Dieu était là et lui faisait confiance en s'abandonnant. Certains croient qu'ils ont bien prié parce qu'ils ont eu des frissons… Peut-être ont-ils de la fièvre ? Car non, la prière ne provoque pas des frissons, mais la paix et la joie – ce qui est essentiel en ce temps de crise !

Enfin le dernier obstacle est la tension entre action et contemplation : « Marthe, Marthe, tu t'inquiètes et tu t'agites pour bien des choses. Une seule est nécessaire. Marie a choisi la meilleure part : elle ne lui sera pas enlevée[6]. » Il ne s'agit pas de rester à genoux toute la journée ; il faut trouver un juste équilibre. Notre vocation n'est-elle pas de vivre en présence de Dieu dans l'amour ? Il nous faut poser un acte de foi, c'est l'amour qui agit.

---

6. Lc 10,38-42.

La mise en présence de Dieu

Pour découvrir que le silence de Dieu est Parole, il faut nous mettre en Sa présence. Cela suppose quelques conditions. Tout d'abord la question du lieu. Je ne vous apprends rien en vous recommandant un lieu qui soit calme et silencieux. Certes, nous pouvons dans le métro prier pour ceux qui nous entourent, mais pour l'oraison, il nous faut un espace qui favorise le recueillement.

Faut-il prier dans une église? Oui, bien sûr puisque c'est la maison de Dieu : le Christ est présent dans le tabernacle. Mais nous pouvons aussi prier dans un endroit retiré de la maison comme le recommande Jésus lui-même[1]. Peut-être faut-il un coin prière; par exemple devant une Croix, une belle icône, une statue de la Vierge, une bougie, la Parole de Dieu ouverte... Il faut que ça soit simple mais beau. C'est le lieu de la présence. Saint Jean de la Croix recommandait à ses novices de faire oraison face à un beau paysage. Les pèlerins de Terre Sainte savent combien ces paysages où le Christ a vécu aident à la contemplation, le désert, la montagne, le Thabor, les

1. Mt 6,6.

Béatitudes, le lac et tant d'autres. Mais le lieu privilégié est le cœur, notre cellule intérieure. Encore faut-il y aller !

Quel est le moment favorable pour rencontrer Dieu ? Il faut, naturellement, être éveillé, sinon c'est l'oraison de saint Pierre au jardin des Oliviers ! Il n'y a pas d'horaire imposé ; en revanche, je conseille de faire oraison à la même heure, celle où vous êtes le plus disponible. C'est un rendez-vous régulier dans nos journées, alors ne laissons pas passer l'heure, car si nous remettons la rencontre, elle n'aura pas lieu : nos occupations sont trop nombreuses, même si nous sommes retraités ! Certains sentent un appel à prier au milieu de la nuit, surtout n'hésitez pas à y répondre. C'est toujours une grâce de prier dans le grand silence de la nuit.

Nous prions avec notre corps. Nos attitudes corporelles expriment notre prière. Saint Jean-Marie Vianney aimait avoir les mains jointes pour exprimer sa supplication. Certains se mettent à genoux, d'autres assis, d'autres allongés... Ce dont je suis sûr, c'est qu'il faut être bien installé pour ne pas avoir des crampes, ni trop froid ni trop chaud... nous pouvons prier aussi avec nos pieds. La marche peut aider à l'oraison. C'est tout l'être qui entre dans le secret de Dieu.

On prépare sa rencontre avec le Seigneur. Ainsi notre journée doit être ponctuée par cette présence de Dieu ; entre deux activités, un temps de silence ; le bénédicité avant le repas, l'angélus... notre cœur est comme rythmé par ces clins d'œil au Seigneur. Quant à la préparation, juste avant l'oraison, il faut un sas avant de commencer, surtout si vous venez d'avoir des activités stressantes !

En vous disant cela, je ne vous invite pas à faire le vide ; nous allons vers le Seigneur avec tous nos soucis. Je l'ai déjà dit, la finalité de la prière n'est pas de faire le vide, ni d'oublier les préoccupations quotidiennes. Je vais prier pour rencontrer le Christ, dialoguer avec lui à partir de ce que je vis. Comme le dit Thérèse d'Avila : « L'oraison mentale n'est, à mon avis, qu'un commerce intime d'amitié où l'on s'entretient seul à seul avec ce Dieu dont on se sait aimé[2] » ou Saint Ignace : « Un ami qui parle à un ami et qui sait se taire pour l'écouter », sans oublier la réponse du bon paysan d'Ars à son curé : « Il m'avise et je l'avise ».

Le *Catéchisme de l'Église catholique* donne quelques conseils dans le choix du temps et la durée de l'oraison : « On ne fait pas oraison quand on a le temps[3]. » Car vous ne ferez pas souvent oraison. Combien de temps ? Vingt minutes ? Si vous n'avez jamais fait oraison, ne commencez pas par deux heures !

« L'oraison est la remise humble et pauvre à la volonté aimante du Père en union de plus en plus profonde à son Fils bien-aimé[4]. » Cette union entre le Fils et chacun d'entre nous suppose un temps assez long, car elle demande une mise en présence de Dieu qui ne se fait pas en deux minutes, comme nous allons le voir. Terminons avec cette belle définition du *Catéchisme* :

2. *Vie*, 8.
3. *C.E.C.*, n° 2710.
4. *C.E.C.*, n° 2712.

> « L'oraison mentale est l'expression simple du mystère de la prière. Elle est un regard de foi fixé sur Jésus, une écoute de la Parole de Dieu, un silencieux amour. Elle réalise l'union à la prière du Christ dans la mesure où elle nous fait participer à son mystère[5]. »

Il est temps de tracer un chemin ; nous allons nous mettre à l'école de sainte Thérèse d'Avila en suivant son ouvrage majeur : *Chemin de la Perfection*. Ce chemin est accessible à tous ; Thérèse l'appelle oraison de recueillement : « L'âme y recueille toutes ses puissances et entre au-dedans d'elle-même avec son Dieu[6]. »

Ce chemin va nous faire découvrir comment Dieu nous parle dans le silence. Mais ce recueillement dont parle Thérèse ne tombe pas du ciel ! Il faut un effort de la volonté pour l'obtenir ; il s'agit de s'arracher aux choses extérieures pour se porter vers le centre de l'âme ; c'est ce que nous appelons la mise en présence de Dieu. Ce recueillement conduit l'âme dans le temple le plus intime du Seigneur, pour prendre contact avec lui, pour s'occuper de lui. Mais attention à l'inactivité paresseuse dans la prière qui n'a plus rien de divin. Alors comment parvenir à ce recueillement ?

Toute prière commence par un signe de Croix bien fait, pas trop rapide, en réfléchissant à ce que nous faisons. Ce signe de Croix nous plonge dans le mystère trinitaire : incarnation et rédemption. Notre prière est chrétienne.

---

5. *C.E.C.*, n° 2724.
6. *Chemin de la Perfection*, Ch. XXX.

Il nous faut poser un acte de foi : Seigneur, je crois que tu es présent. À ses sœurs, Thérèse dit : « Celle qui ne considère pas à qui elle parle et ce qu'elle demande et qui est celle qui demande et à qui, je n'appelle pas cela faire oraison. » Il ne suffit pas de méditer sur Dieu, il faut établir une relation personnelle, un contact direct, un face-à-face. Un père carme m'avait confié qu'avant d'entrer dans sa cellule, il frappait à la porte : « Tu es là ? » et il entrait ; une façon comme une autre de se rappeler que le Seigneur nous attend et qu'il est bien là !

Le point de départ est essentiel, sinon nous en restons à des idées. Mais si le Seigneur est bien là, ne faut-il pas commencer par se reconnaître pécheur, pauvre créature ? Voilà l'inouï de l'oraison ! Nous sommes en présence de Dieu. Il est là ! même s'il n'est pas visible. C'est la force de l'acte de foi. Il s'agit de faire un court examen de conscience, de demander pardon en redisant par exemple un « Je confesse à Dieu » ou en reprenant le psaume 50 – « Pitié pour moi, mon Dieu, dans ton amour, selon ta grande miséricorde, efface mon péché[7] » –, ou tout acte pénitentiel que l'Esprit Saint vous soufflera. Le *Catéchisme* nous rappelle que :

> « La demande du pardon est le premier moment de la prière de demande. Elle est le préalable d'une prière juste et pure. L'humilité confiante nous remet dans la lumière de la Communion avec le Père et son Fils Jésus-Christ, et les uns avec les autres : alors quoi que nous lui demandions, nous le recevons de lui. La demande de pardon

7. Ps 50 (51),3-4.

est le préalable de la liturgie eucharistique, comme de la prière personnelle[8]. »

Cet acte est la reconnaissance de ce que je suis : une créature blessée mais aimée et qui tient tout de Dieu. « La prière de l'homme qui s'humilie percera les nuées[9]. » Réconciliés, nous pouvons alors invoquer l'Esprit Saint, car « c'est bien lui qui vient au secours de notre faiblesse[10] » et qui prie en nous. Là encore, nous pouvons reprendre une prière traditionnelle comme le *Veni Creator* ou la séquence de la Pentecôte : « Viens en nous, Père des pauvres ; viens dispensateur des dons ; viens lumière en nos cœurs. » Mais toute prière spontanée à l'Esprit est possible. Cette invocation à l'Esprit montre notre docilité au Maître intérieur ; « Priez en tout temps dans l'Esprit[11] », nous rappelle saint Paul.

Enfin l'acte d'offrande de tout nous-même au Seigneur. Ce temps est donné pour Dieu ; temps de gratuité et non d'efficacité. « Je vous exhorte, frères, par la miséricorde de Dieu, à offrir vos personnes en hostie vivante, sainte, agréable à Dieu : c'est là le culte spirituel que vous avez à rendre[12]. » Mais qu'allons-nous offrir ? Tout d'abord notre liberté, car Dieu ne fera rien sans ce don. Offrir sa liberté, c'est ouvrir son cœur et laisser agir Dieu. Ce n'est pas si évident ; il y a des résistances : où Dieu veut-il nous mener ?

Nous pouvons nous aider de la prière des saints ; nous avons déjà évoqué la prière de Frère Charles ; mais il y a

8. *C.E.C.*, n° 2631.
9. Si 35,21.
10. Rm 8,26.
11. Ep 6,18.
12. Rm 12,1.

l'acte d'abandon de la petite Thérèse que vous connaissez sans doute :

> « Afin de vivre dans un acte de parfait amour, je m'offre comme victime d'holocauste à votre amour miséricordieux, vous suppliant de me consumer sans cesse, laissant déborder en mon âme les flots de tendresse infinie qui sont renfermés en vous et qu'ainsi je devienne martyre de votre amour, ô mon Dieu[13]. »

Et nous pensons aussi à l'acte d'offrande du Curé d'Ars : « Je t'aime, ô mon Dieu et mon seul désir est de t'aimer jusqu'au dernier soupir de ma vie. » Nous offrons aussi nos joies, nos peines, notre famille, nos amis... Tout est à Dieu.

Après ces différentes étapes, « l'âme recueille toutes ses puissances et rentre en elle-même avec son Dieu ». Il s'agit maintenant d'entrer dans le silence de Dieu. On ne s'interroge plus sur le pourquoi de ce silence; on y entre pour y découvrir qu'il est Parole. Cette étape, je ne le cache pas, est difficile et parfois longue. Pour arriver à ce silence, il nous faut renoncer à l'activité des sens extérieurs.

> « Retire les sens de ces choses extérieures et si bien s'en écarter qu'à notre insu, nous fermons les yeux pour ne pas les voir[14]. »

13. *Thérèse dans la prière*, n° 6 p. 962, in *Œuvres complète*, éd. du Cerf, 1992.
14. *Chemin*, XXVIII, 6.

Il faut donc trouver des conditions extérieures favorables pour obtenir ce silence et cette solitude. Notre seule préoccupation est la recherche de la présence de Dieu : seul à seul avec lui ; c'est alors que les yeux de l'âme acquièrent plus d'acuité.

Pour trouver ce silence, il faut descendre en son cœur. Comment y arriver ? Sainte Thérèse d'Avila recommande d'avoir une image ou un portrait de Notre Seigneur, « non pas pour le porter sur notre cœur sans jamais le regarder, mais pour lui parler souvent[15]. » Descendre dans son cœur, oui, mais pour y demeurer. Comment y demeurer ? Grâce à nos facultés. Ainsi par l'imagination, on peut vivre une scène évangélique en contemplant les attitudes, les gestes du Christ. Se représenter le Christ en son humanité, non imaginative mais d'une foi vive qui perçoit la présence du Christ, « comme si on était aveugle ou dans l'obscurité[16] », si proche qu'il n'est pas besoin d'élever la voix[17] pour se faire entendre ! Cette représentation peut se transformer en une sorte d'intuition par l'expérience : « se retirer avec son Dieu dans son paradis intérieur[18]. »

Thérèse d'Avila aimait dire à ses sœurs : « Je ne vous demande que de le regarder[19]. » Regard de l'âme sur le Christ qui devient regard du Christ sur l'âme. Ce regard mutuel exprime la relation personnelle, vivante de présence réciproque. Une activité simple, d'ordre intuitif avec la vivacité de la foi ; désir de l'union à Dieu, de son

15. *Chemin*, XXVI, 3.
16. *Vie* 9, 9.
17. *Chemin*, XXIX, 5.
18. *Ibid.*, XXIV, 4.
19. *Chemin*, XXVI, 1-3.

service, de sa gloire, en un mot : le désir de Dieu. « Mon âme a soif du Dieu vivant, quand le verrai-je face à face[20] ? » Désir concernant l'âme elle-même, le salut des âmes, la réalisation du dessein d'amour du Père ; regard animé par l'amour « comme ici-bas deux personnes qui s'aiment beaucoup et se comprennent bien semblent s'entendre sans échanger un signe, rien qu'en se regardant[21]. »

« Reviens vers ton cœur », tel est le chemin qu'il faut emprunter. Descendre en lui demande un travail de l'intelligence, il faut se dégager de tout ce qui n'est pas Dieu. Mais souvent, au cours de cette descente, les distractions me font remonter à la surface ! D'où viennent les distractions ? Elles sont, par définition, en sens inverse du recueillement. En effet le recueillement est le fruit de nos facultés sur une activité surnaturelle ; la distraction est une évasion de nos facultés vers un autre objet qui supprime le recueillement.

Distraction passagère ? Alors revenons vers nos cœurs. Mais parfois les distractions nous envahissent, alors nous tombons dans un état de tristesse, de sécheresse. Les distractions peuvent devenir cause de souffrance, de désolation et même d'abandon de la prière. Mais ne nous inquiétons pas ; tous les saints sont passés par là ! Thérèse d'Avila nous confie : « Très souvent, pendant plusieurs années, j'étais beaucoup plus préoccupée du désir de voir achever l'heure d'oraison et d'entendre le coup de l'horloge ! » Voilà un encouragement à ne pas baisser les bras !

20. Ps 41.
21. *Vie*, XXVII, 10.

Il faut dire que les vérités surnaturelles que nous voulons contempler sont obscures ; la pénétration de l'intelligence étant limitée, assez rapidement elle a épuisé les lumières qu'elle peut percevoir. Alors l'ennui survient... Y a-t-il des remèdes ? Sûrement pas le volontarisme ! Peut-être changer d'heure, de lieu ? Il faut aussi de la persévérance !

Lorsque vous êtes dans vos cœurs, il faut y demeurer ; s'il nous arrive de remonter au niveau de l'intelligence, alors immédiatement il nous faut redescendre et cette « gymnastique spirituelle » se fait parfois plusieurs fois. Tant que je ne suis pas stabilisé en mon cœur, je peux dire que je ne suis pas totalement en présence de Dieu. Cette mise en présence de Dieu ne se fait pas en un jour ! Il faut s'y exercer. Parfois, au moins au début, notre oraison consiste à se mettre en présence, et c'est déjà bien !

Nous consacrerons un chapitre sur Élisabeth de la Trinité, mais pour illustrer tout ce que nous venons de dire, écoutons-la.

> « Demeurez en moi, c'est le Verbe de Dieu qui exprime cette volonté. Demeurez en moi, non pas pour quelques instants, quelques heures qui doivent passer, mais demeurez d'une façon permanente, habituelle.
> Demeurez en moi, priez pour moi, adorez en moi, aimez-moi. Pénétrez toujours plus avant en cette profondeur. C'est bien là vraiment la solitude où Dieu veut attirer l'âme pour lui parler, comme le disait le prophète Osée[22]. »

22. SAINTE ÉLISABETH DE LA TRINITÉ, *Le ciel dans la Foi*, 4, *Œuvres complètes*, p. 100, Cerf, 1991.

Comme vous le voyez, cette mise en présence de Dieu peut prendre du temps, mais c'est la condition pour entrer dans le silence de Dieu et notre silence. Comment le silence de Dieu est-il parole ? C'est la suite de l'oraison que nous appelons le cœur à cœur. Lorsque nous sommes dans notre cœur, il nous faut y demeurer. Quels sont les signes ? Nous sommes en repos, en paix, dans une plénitude de silence ; nous n'entendons plus les bruits autour de nous.

Notre premier réflexe est de parler au Christ ; mais il est préférable de lui laisser la Parole et de l'écouter. Le *Catéchisme* nous rappelle que :

> « L'oraison est silence, ce silencieux amour. Les paroles dans l'oraison ne sont pas des discours mais des brindilles qui alimentent le feu de l'amour. C'est dans ce silence, insupportable à l'homme extérieur, que le Père nous dit son Verbe incarné, souffrant, mort et ressuscité et que l'Esprit filial nous fait participer à la prière de Jésus[23]. »

Pourquoi ce silence est-il souvent insupportable ? Parce que l'homme vit beaucoup trop à la surface de lui-même. Ce temps de confinement que nous avons vécu nous a permis de retrouver le silence. Le silence rend disponible devant la présence divine ; il est un mystère de présence. Dieu ne parle pas en nous avec les mots de la terre. Il est rare d'entendre des voix ; on l'entend par pure foi. D'ailleurs, plus on l'écoute et plus on veut se taire pour le

23. *C.E.C.* n° 2717.

laisser parler ; c'est ce que dit Isaac de Ninive, un mystique d'Orient :

> « Dieu a mené ses serviteurs dans le désert pour parler à son cœur; mais celui-là seul qui s'y tient à l'écoute dans le silence, perçoit le souffle de la brise légère où le Seigneur se manifeste. Au commencement, il faut un effort pour se taire, mais si nous y sommes fidèles, peu à peu, de notre silence naît quelque chose qui nous attire à plus de silence… »

Ce silence intérieur nous permettra d'entrer dans ce que les Pères appellent le lieu de la prière spirituelle ou le lieu de la prière pure, maison où le Christ habite. Comme le disait Dom Augustin Guillerand dans ses écrits spirituels :

> « Ce lieu de la prière c'est l'âme et Dieu qui l'habite. Dans ce sanctuaire réservé, nouveau ciel et royaume de Dieu, la solitude et le silence doivent régner. Dieu est seul avec lui-même. Les personnes divines ne portent pas atteinte à cette solitude : elles la constituent[24]. »

24. Dom Augustin Guillerand, *Voix Cartusienne*, Parole et silence, 2007.

Le cœur-à-cœur

Dans le cœur-à-cœur, il nous faut éviter deux excès : l'activité et la passivité. Nous avons besoin de nos moyens humains pour éviter la somnolence, et du silence pour ne pas tomber dans la méditation, la lecture... L'âme doit se maintenir dans la disposition d'écouter Dieu, de le laisser agir en elle, de le suivre sur les chemins où il veut l'entraîner. Il faut être en position d'attente de la venue du Seigneur, dans le silence en le laissant parler en nous. Nous croyons que Dieu est en nous, mais nous nous acharnons toujours à faire, au lieu de le laisser faire ; pas facile de lâcher-prise ! Les cœurs silencieux trouveront Dieu dans l'intimité de la contemplation. Saint Jean de la Croix insistait : « Marcher avec obscurité par amour dans la foi. »

Tous les grands maîtres de la spiritualité recommandent ce silence. Chez les Pères de l'Église, le silence est mis en relation avec le mystère divin. Saint Grégoire de Nazianze, père cappadocien du IVe siècle, dit que le silence est supérieur au désert et au jeûne : « Toi, tu cherches le désert et le jeûne, moi le silence[1]. »

---

1. Lettre 3.

Dans une hymne pour le jour de Pâques, mettant fin au silence absolu qu'il s'était imposé durant le carême, il chante le Verbe Ressuscité :

> « J'ouvre mes lèvres que le silence tenait closes et tu trouves en moi une cithare prête à te chanter. J'ai sacrifié intérieurement mon intelligence à l'Intelligence, mon verbe au Verbe[2]. »

Pour saint Augustin, commentant les Psaumes, « la vraie prière est celle du cœur dans le silence[3] ». Il est évident que la tradition monastique, notamment avec les pères du désert, insiste sur la pratique ascétique du silence. Pour les pères, le silence n'est pas une fin en soi ; il est subordonné à l'amour de Dieu et du prochain. Jean Climaque, moine du Sinaï au VIIe siècle, dans son échelle au 11e degré, proclame les vertus du silence :

> « Le silence avec connaissance est la mère de la prière, la délivrance de la captivité, la préservation du feu, le surveillant des pensées, le guetteur des ennemis… L'ami du silence s'approche de Dieu, et en s'entretenant avec lui dans le secret, il reçoit la lumière[4]. »

Isaac de Ninive, moine de la fin du VIIe siècle, parle souvent du silence :

---

2. Discours 32.
3. *Commentaire Psaumes, op. cit.*, 30.
4. SAINT JEAN CLIMAQUE, *L'Échelle Sainte*, Spiritualité orientale, n° 24 – Abbaye de Bellefontaine, 1978.

> « Il est le mystère du monde à venir ; la parole est l'organe du monde présent… Par ce mystère, par ces vertus invisibles, est accompli le service de l'Être qui gouverne le monde[5]. »

Guigues le chartreux, au XIIe siècle, écrit sur le silence :

> « Qui ne fait pas silence ne peut entendre Celui qui parle… Que la terre de mon âme se taise en votre présence, Seigneur, afin que j'entende ce que dit en moi le Seigneur mon Dieu. Car les paroles que vous murmurez ne peuvent être entendues que dans un profond silence[6]. »

De ces citations des premiers siècles, on peut en conclure que le silence de Dieu est la source de la Parole révélatrice ; un silence de plénitude, celui des relations intimes entre le Père, le Fils et l'Esprit. C'est de ce silence que vient la Parole qui se fait chair, qui communique les paroles du Père. Et seul le silence de l'homme permet de saisir la richesse de la Parole de Dieu. Dieu en lui-même est ineffable ; mais l'homme peut s'approcher par grâce de son mystère et en percevoir quelques reflets.

L'école carmélitaine est la musique du silence. Chez saint Jean de la Croix, le silence est douceur et musique : « Encore que cette musique soit silencieuse quant aux sens et aux puissances naturelles, c'est néanmoins une solitude très sonore pour les puissances spirituelles. »

---

5. Lettre 3.
6. *Méditations*, Sources Chrétiennes, 163, p. 129,

Ainsi installés dans le silence, nous pouvons être à l'écoute de Dieu à partir d'un passage de l'Évangile, surtout pas trop long; puis vous lui répondez : « des paroles jaillies de votre cœur, ce que Dieu aime hautement[7] ». L'âme rompt le silence en livrant le fond de son être. On alterne les silences avec l'échange, selon les moments ou l'état de l'âme.

« Le Seigneur n'aime pas que nous nous cassions la tête a beaucoup lui parler[8]. » C'est là que nous avons l'impression du silence de Dieu, parce que le texte ne nous dit rien ! Mais Thérèse de préciser :

> « Pensez-vous qu'il se taise lorsque nous ne l'entendons pas ? Il parle fort bien au cœur, quand de tout cœur nous lui demandons[9]. »

Thérèse est certaine que le Seigneur ne cesse d'agir dans l'âme qui le cherche :

> « Vous constaterez que quoi qu'il est marqué, cela ne l'empêche pas de se manifester à vous de bien des façons, dans la mesure où nous désirons le voir ; et vous pouvez tant le désirer qu'il se manifestera pleinement[10]. »

La réponse du Seigneur dans le cœur-à-cœur se fait, non par des paroles, mais par son action au plus intime de l'âme.

---

7. *Chemin*, XXVI, 6.
8. *Chemin*, XXIX, 6.
9. *Chemin*, XXIV, 5.
10. *Chemin*, XXXV, 1.

Par les sentiments que le Seigneur lui donne, comme le bonheur d'être là, de croire et d'espérer en lui en dépit de ce que nous vivons, sentiments heureux de ses limites et de se savoir aimé et pardonné. Nous retrouvons la question du désir ; sommes-nous des chercheurs de Dieu ? Avons-nous soif de lui ? Quel est notre désir spirituel ?

Parfois lorsque vous reprenez tel verset de l'Évangile, il y a un mot que vous découvrez, alors que vous connaissiez quasi par cœur ce verset… c'est peut-être un clin d'œil du Seigneur ! C'est ainsi que la Parole de Dieu est toujours vivante et qu'elle nous surprendra. Ces moments du cœur-à-cœur produisent un approfondissement mais aussi un abandon plus vrai dans les mains de Dieu. Il faut savoir que plus l'âme avance dans son union à Dieu, plus sa vie spirituelle se simplifie et plus elle tend à ne consister que dans un état d'accueil de la grâce, d'ouverture au don de l'Esprit dans le silence qui nous paraît parfois si aride.

Tout ce chemin de contemplation, si vous y êtes fidèles, va progressivement se simplifier. Pour reprendre une nouvelle fois Thérèse d'Avila, vous avez les clés pour ouvrir la chambre secrète de l'âme ; il suffit d'y entrer, le Seigneur vous y attend. Il faut du temps, je le reconnais – et donc ne pas se décourager. Mais il y aura un moment où vous entendrez la voix qui parle sans parole ; vous serez envahis et comblés d'une plénitude de présence, dans « une paisible tranquillité et un engloutissement intérieur comme l'écrit saint Jean de la Croix dans "Vive Flamme d'Amour[11]." » Ce silence est une orientation de toute

11. Strophe 3.

la vie ; ce qui constitue le silence, ce n'est pas l'absence de paroles, mais cette paix de l'âme qui n'entend que la parole qui résonne dans les silences éternels.

La vie spirituelle doit être simplifiée et donc unifiée ; c'est elle qui unifie notre être. Il faut que notre âme soit détachée de nos passions qui nous éloignent de la source. Alors « l'âme se joint à l'Aimé dans une union de simplicité, de pureté d'amour et de ressemblance[12] ». L'oraison devient alors contemplation, communication du silence et de la simplicité de Dieu. Plus l'âme avance dans le désert, plus elle est apte à entendre la Parole et plus elle veut s'enfermer dans la solitude. Comme le dit Louis Bouyer, « Ici-bas, la Parole ne résonne jamais que pour nous appeler à la rejoindre à travers un nouveau silence, dans un plus profond désert. »

Ce cœur-à-cœur est source d'unification et de purification. C'est à chacun d'en choisir la durée. Toute prière s'ouvre à l'universel, car elle n'est pas repli sur soi. L'oraison s'achève par une prière d'intercession.

> « Intercéder, demander en faveur d'un autre est le propre d'un cœur accordé à la miséricorde de Dieu. Dans le temps de l'Église, l'intercession chrétienne participe à celle du Christ : elle est l'expression de la Communion des saints. Dans l'intercession, celui qui prie ne recherche pas ses propres intérêts, mais songe plutôt à ceux des autres[13]. »

12. Saint Jean de la Croix, *La Montée au Carmel* II, 1.
13. *C.E.C.*, n° 2635.

Il ne faut pas oublier celles et ceux qui nous ont demandé de prier pour eux puisque nous nous y sommes engagés. Après les avoir nommés, nous achevons par un « Notre Père ».

Voilà un beau chemin de perfection. Pour arriver à vivre une telle communion, il faut que notre vie soit ordonnée : un règlement de vie, rythmée par la prière et la vie sacramentelle, sans oublier les œuvres de charité, accomplir son devoir d'état, vivre des vertus théologales… Si vous êtes fidèles à ce rendez-vous, alors vous aurez une facilité acquise pour vous recueillir et vous irez plus vite en vos cœurs.

La seule présence de Dieu suffit, alors votre intelligence va perdre le goût des raisonnements ; plus de paroles, mais des mouvements intérieurs, le simple regard de l'âme, le repos paisible dans le Seigneur. Silence et repos sont les attitudes de l'amour. L'oraison n'est plus que regard sur une vérité et le silence qu'il produit. L'oraison devient contemplation : regard simple sur la vérité sous l'influence de l'amour. Le don de soi, l'humilité, le silence, la solitude, les dons de l'Esprit y contribuent.

C'est l'amour qui simplifie le regard et le fixe sur le sujet contemplé. C'est d'abord par l'amour que l'âme connaît le mystère de Dieu. C'est pourquoi tout théologien doit être un contemplatif. Et le fruit de la contemplation est un accroissement de l'amour. Ce chemin est carmélitain, il y a bien d'autres chemins.

Le fruit de toute oraison est de regarder la vie en face ; la prière n'est pas une fuite de ce monde, bien au contraire ! Un regard profond où vous trouverez Dieu au fond de vos cœurs. Voilà la foi. Cette foi vraie et vivante est comme une prise de possession de Dieu. Il devient nôtre, il devient l'hôte aimé de notre âme et notre âme, dégagée des choses, n'a plus qu'à se tourner vers lui par une pensée aimante pour réaliser cette intériorité ; c'est en ce sens que la foi me permet de prendre du recul.

Plus nous sommes faibles, plus Dieu trouve en nous la capacité à le recevoir. Ainsi notre amour consiste surtout à accueillir son effusion de vie. Son amour est au fond de nos cœurs et il faut le découvrir. Terminons ce chapitre avec sainte Élisabeth de la Trinité :

> « La foi, c'est le face-à-face dans les ténèbres. Que cela soit vrai pour nos âmes à travers toutes les phases où le Bon Dieu veut les emporter ; et que rien ne puisse nous distraire de la vision de sa charité. Il nous l'a fait dire par son Verbe Incarné : demeurez en mon amour. Que ce soit le divin rendez-vous de nos âmes sur la terre en attendant le rendez-vous du ciel où nous irons chanter le sanctus et le Cantique de l'amour à la suite de l'Agneau[14]. »

14. Sainte Élisabeth de la Trinité, *Écrits spirituels*, 11 février 1903, n° 64, Seuil, 1948.

À l'école de sainte Élisabeth de la Trinité

Pour illustrer ce chemin d'oraison, mettons-nous à son école. Qui est cette jeune carmélite ? Fille et petite-fille d'officier, Élisabeth Catez portait dans ses veines un sang de soldat, était prompte à la riposte. Ses sept premières années furent traversées par de grands éclats de colère, souvent impossible à maîtriser !

Sa première confession fut une véritable conversion. Depuis ce moment, elle entra en lutte contre ses défauts dominants comme sa colère et sa sensibilité. Cette phase de son combat spirituel durera jusqu'à ses dix-huit ans. « Avec son tempérament, Élisabeth deviendra une sainte ou un démon. »

Un changement rapide et profond s'opéra ; en effet, un jour, après avoir reçu la communion, il lui semble que le mot « Carmel » était prononcé dans son âme, elle n'a pas entendu de voix, mais un désir s'est éveillé en son cœur, comme toute vocation. Alors l'aventure spirituelle commença.

Ainsi, elle tente de s'évader de ce triste monde de séductions, mais sa mère s'y oppose ; il faudra qu'elle attende l'heure de Dieu. Pendant ce temps, elle participe aux fêtes mondaines et aux réunions de toutes sortes ; elle se mêle joyeusement à la société au milieu de laquelle elle vivait, mais fuyant à chaque fois le péché.

À Dijon, Élisabeth se dévoue aux œuvres de la paroisse, notamment en s'occupant des enfants. Elle saura aussi apprécier les tartes de Francine, la meilleure pâtissière de Dijon, et rira de bon cœur des lourds repas qui, pendant trois jours, chargent les estomacs. Mais au milieu de ces fêtes mondaines, de ces gourmandises bourguignonnes, le cœur d'Élisabeth garde la nostalgie du Carmel. Elle aime se retrouver seule avec le Christ.

Son combat spirituel contre ses défauts et le triomphe sur sa nature parce qu'elle a su changer de point d'appui, conduisent la future sainte aux premières manifestations de ces grâces mystiques qui devaient transformer sa vie lentement et par touches successives ; puis avec sa profession au Carmel, par un mouvement calme et continu ; enfin dans la dernière phase de six mois passés à l'infirmerie à grandes envolées.

C'est en janvier 1899, à l'âge de dix-neuf ans, au cours d'une retraite, qu'Élisabeth prend conscience de ces premières touches divines. Ces touches pour elle ne sont pas silence de Dieu, mais bien plutôt sa présence. Écoutons-la :

> « L'oraison… ce degré d'oraison dans lequel c'est Dieu qui fait tout et où nous ne faisons rien, où il unit notre âme si intimement à lui que ce n'est pas nous qui vivons mais Dieu qui vit en nous… Oh, j'ai reconnu là les

moments d'extase sublimes où le Maître daigne m'élever souvent pendant cette retraite et depuis encore… Après ces extases, ces ravissements sublimes pendant lesquels l'âme oublie tout et ne voit que son Dieu, ah, comme l'oraison paraît dure et pénible, avec quelle peine il faut travailler à réunir toutes ses puissances, comme cela coûte et paraît difficile[1]. »

Ces confidences reprennent notre chemin. Certes nous n'avons pas eu ces extases dont parle Élisabeth, mais sachez qu'elles ne durent qu'un instant ! L'oraison quotidienne est le plus souvent sècheresse ; c'est pour cela d'ailleurs que l'on a du mal à persévérer. En revanche, si nous n'avons pas de ravissement, nous avons cette union à Dieu qui est la finalité de la prière.

Élisabeth, à l'école de Thérèse d'Avila et de son *Chemin de Perfection*, que je vous invite à lire pour faire grandir en vous le désir d'être en Dieu, se sentait habitée. Elle rencontre au carmel un religieux dominicain, le père Vallée, qui lui confirme que ces mouvements de grâce sont des dons de Dieu. Désormais la Trinité sera sa vie unique ! Elle finit par entrer au Carmel et découvre le mot d'ordre de toute sa vie intérieure : s'ensevelir au plus profond de son âme pour y trouver Dieu. Il y faut le travail de dépouillement et la grâce suprême qui transformera sa vie en lui donnant le sens de sa vocation définitive : être une louange de gloire à la Trinité.

1. *Journal*, lundi 20 février.

Le pape François, prononçant l'homélie de la messe de canonisation de la jeune carmélite, nous rappelle le combat spirituel de la sainte :

> « Voilà le mystère de la prière : crier, ne pas se décourager, et si tu te décourages, demandes de l'aide pour tenir… Prier, ce n'est pas se réfugier dans un monde idéal, ce n'est pas s'évader dans une fausse quiétude égoïste. Au contraire, prier c'est lutter, c'est aussi laisser l'Esprit Saint prier en nous[2]. »

Les premiers pas de sa vie carmélitaine l'ont comblée. Un noviciat plein de grâces, puis une longue année où Dieu l'abandonne à elle-même, à ses impuissances, ses lassitudes, ses hésitations sur sa vocation ; oui, la facilité de l'oraison a disparu. Elle est passée, comme chacun d'entre nous, par une phase de purification, un détachement, le seul qui libère. Pas de recherche de sensations fortes, mais une recherche de la foi pure. Il y a une véritable conversion à faire ; ne pas compter sur les sens, mais sur la foi. C'est dire combien il faut la faire grandir. Pourquoi le silence de Dieu n'est-il pas Parole ? Tout simplement parce que nous en restons au niveau des sens.

Confiante dans le discernement de son Père spirituel, elle reste au Carmel et y fait sa profession. Le combat est moins dur, mais il est là. Toutefois le rythme paisible de cette vie au Carmel est simple et se ramène à quelques moments essentiels, toujours les mêmes : faire silence et

2. Homélie du 16 octobre 2016.

croire à l'Amour qui est là, au fond de notre âme pour nous sauver. Écoutons une nouvelle fois la jeune carmélite :

> « Je sens tant d'amour sur mon âme! C'est comme un océan en lequel je me plonge, je me perds; c'est ma vision sur la terre en attendant le face-à-face en la lumière. Il est en moi, je suis en lui, je n'ai qu'à l'aimer, qu'à me laisser aimer et cela tout le temps, à travers toutes choses, s'éveiller dans l'amour, se mouvoir dans l'amour, s'endormir dans l'Amour, l'âme en son âme, le cœur en son cœur, afin que par son contact il me purifie, me délivre de ma misère[3]. »

Toutes ces remarques montrent l'unification de son être. Cette union, cette communion à Dieu sont possibles, même si nous n'avons pas encore atteint le même degré d'union mystique. Le 21 novembre 1904, Élisabeth connaît un élan de grâce; c'est sa sublime élévation à la Trinité :

> « Ô mon Dieu, Trinité que j'adore, aidez-moi à m'oublier entièrement pour m'établir en vous, immobile et paisible, comme si déjà mon âme était dans l'éternité. »

Nous l'avons déjà dit dans le chapitre précédent, il faut s'oublier entièrement. Le moi encombre nos vies; d'où l'importance du silence. Qu'entendre par mort à soi-même, par cette lutte contre la nature sur laquelle

3. ÉLISABETH DE LA TRINITÉ, *lettre 177*, Œuvres complètes, Cerf.

insiste tant saint Jean de la Croix ? Ce n'est pas la nature elle-même qu'il faut écraser mais seulement ce qu'il y a de déréglé en elle. La recherche du silence intérieur ne demande pas de tuer les mouvements de notre nature, mais d'amoindrir les passions en ce qu'elles empêchent notre chemin intérieur. Il s'agit de mourir à soi-même pour mieux vivre avec le Christ.

L'ascèse ne doit pas étouffer la nature, mais la rendre libre. C'est pour cela, quelle doit être vécue dans l'amour ; pour arriver à cet oubli de soi qui doit faire de nous de simples capacités du divin, il faut un long travail… à travers la pénitence, il faut arriver à Dieu et ne vivre que de lui.

Cela n'empêche pas de garder nos âmes sensibles ! La petite Thérèse confiait à Mère Marie-Gonzague : « En se donnant à Dieu, le cœur ne perd pas sa tendresse naturelle ; cette tendresse, au contraire, grandit en devenant plus pure et plus divine. » Ce n'est pas la sensibilité qu'il faut écarter, mais l'émotivité, c'est-à-dire la sensibilité dans ce qu'elle a de déréglé ! Il ne s'agit pas de nier notre affectivité et nos sentiments humains. Dieu nous aime comme nous sommes. Plus l'âme entre dans le silence, plus elle entend la voix qui parle sans parole.

Mais Élisabeth n'est pas épargnée par la souffrance. Au soir des Rameaux, elle a une crise très forte à la suite d'une tuberculose de sa maladie d'Addison, alors inguérissable, qui est une affection chronique de l'ensemble du métabolisme.

« Je vais à la lumière, à l'Amour, à la Vie. » Face à la maladie, alors qu'elle est encore si jeune, elle nous confie son testament spirituel à travers une retraite qu'elle s'est prêchée elle-même : Comment trouver son ciel sur la terre ? À sa façon, elle répond à notre question : le silence de Dieu face à la souffrance. « Pourquoi Seigneur ? »

Après avoir reçu les derniers sacrements, elle dicta un ultime message :

> « Voici, je crois, le grand jour désiré. J'ai l'espérance d'être ce soir dans cette grande multitude que saint Jean vit devant le trône de l'Agneau... Je vous donne rendez-vous... dans la vision en laquelle je vais me perdre toujours. »

Le jour de la Toussaint, l'heure suprême arrive :

> « Tout passe... Au soir de la vie, l'amour seul demeure... Il faut tout faire par amour. »

Commencèrent alors neuf jours d'agonie douloureuse. L'avant-veille de sa mort, alors que le médecin lui partageait son inquiétude, elle entra en jubilation :

> « Dans deux jours, je serai au sein de mes Trois. C'est la Vierge, cet être tout lumineux, qui me prendra par la main pour me conduire au ciel. »

Quelques jours avant de mourir, elle confie :

> « Il me semble qu'au ciel, ma mission sera d'attirer les âmes en les aidant à sortir d'elles-mêmes, pour adhérer à Dieu par un mouvement tout simple et tout amoureux, de les garder en ce grand silence du dedans qui permet à Dieu de s'imprimer en elles et de les transformer en lui. »

Il est temps de parcourir cette retraite : *Le ciel dans la foi*, rédigée trois mois avant sa mort. C'est comme un testament spirituel. Elle adresse ces pages à une jeune maman de deux enfants, mariée à un banquier. C'est dire que ce texte n'est pas destiné aux carmélites, mais à tout baptisé qui veut s'unir à Dieu !

Élisabeth part d'une citation de l'Écriture et nous partage les fruits de son oraison : « Je veux que là où je suis, ceux que vous m'avez donnés y soient aussi avec moi[4]. » Le Christ, veut que là où il est, nous y soyons aussi, non seulement lorsque nous serons dans le Royaume, mais déjà dans le temps qui est l'éternité commencée.

Il nous faut vivre dans la maison paternelle d'où nous ne devons jamais sortir :

> « Il nous faut demeurer d'une façon permanente, habituelle. Il nous faut alors entrer dans le silence pour être dans cette profondeur de notre être : c'est bien là vraiment la solitude où Dieu veut attirer l'âme pour lui parler. »

Il est clair que ce silence qui nous fait peur est la condition pour entendre Dieu qui va rompre le silence pour nous parler.

À l'école de Saint Jean de la Croix, elle insiste sur le rôle de la foi qui est le moyen de rendre à notre Dieu amour pour amour. L'âme ne s'arrête plus aux goûts, aux sentiments ; peu lui importe de sentir Dieu ou de ne pas le sentir… elle croit à son amour. À l'âme

4. Jn 17,24.

tout éveillée en sa foi, la voix du Maître peut dire dans le secret intime cette parole qu'il adressait un jour à Marie-Madeleine : *Va dans la paix, ta foi t'a sauvée.*

Élisabeth médite ensuite sur ce passage de l'Écriture : « Soyez saints, parce que je suis saint[5]. » Qui que nous soyons, nous sommes appelés à la sainteté et Élisabeth répond ainsi à la question :

> « Le plus saint, quel est-il donc ? C'est le plus aimant, c'est celui qui regarde le plus vers Dieu. Il s'agit de se tenir simplement et amoureusement, tourné vers lui afin qu'il puisse refléter sa propre image. La forme de l'âme, c'est Dieu qui doit s'y imprimer comme le sceau sur la cire. Pour réaliser ceci, il faut se tenir recueillie au-dedans de soi-même, se tenir en silence en présence de Dieu, tandis que l'âme s'abîme, se dilate, s'enflamme et se fond en lui, avec une plénitude sans limite[6]. »

Nous notons, là encore, la place du silence de l'homme qui doit rejoindre le silence de Dieu.

Dans la deuxième retraite[7], Élisabeth souffrante s'associe aux souffrances du Christ. Son seul désir est de voir : « Heureux les cœurs purs car ils verront Dieu[8]. » Ce cœur gardé pur, orienté sur Dieu est le sixième sens qui perçoit la présence secrète de Dieu. Du silence, nous sommes passés à la vision. Chercher

5. 1P 1,16.
6. *Le Ciel dans la foi*, 25.
7. *La grandeur de notre vocation*, Cerf, 1991.
8. Mt 5,8.

sa présence rend le cœur pur ; c'est même la voie la plus directe :

> « Ce n'est pas en regardant notre misère que nous serons purifiés, mais en regardant celui qui est toute pureté et sainteté. »

Enfin dans la troisième retraite[9], écrite deux mois avant sa mort, Élisabeth revient sur le rôle de la foi. Qu'importe de sentir ou de ne pas sentir, d'être dans la nuit ou dans la lumière, celui qui est ancré dans la foi sera rempli d'une joie inébranlable et glorifiée.

Élisabeth achève ce partage spirituel avec Marie, elle qui est si transparente, si lumineuse qu'on la prendrait pour le soleil ; pourtant elle n'est que le miroir du soleil de la justice. Ce qui touche la carmélite, c'est l'intériorité de la Vierge qui méditait ces évènements en son cœur. Elle est belle, calme et majestueuse, si recueillie avec le Verbe de Dieu, mais aussi si humble, toujours oublieuse, ignorante, délivrée d'elle-même. La Reine des vierges est aussi la Reine des martyrs. Qu'elle est belle à contempler, si sereine. Elle est là au pied de la Croix, debout, dans la force et la vaillance. Et lorsque nous souffrons, elle est là ; lorsque nous vivrons notre pâque, elle sera encore là et nous dira dans la joie, « Nous irons ensemble dans la maison du Seigneur[10]. » Oui, nous passerons à travers les nuages, pour ne se reposer qu'en Dieu seul. Marie, modèle du silence.

---

9. *Laisse-toi aimer !*
10. Ps 121 (122),1.

Achevons ce chapitre, en évoquant une belle figure de sainteté, Mère Teresa. Elle avait une connaissance intime du silence; elle a connu la dure expérience du silence de Dieu! Elle était une femme de silence, parce qu'elle était une femme de prière, constamment avec Dieu; elle voulait demeurer dans le silence de Dieu; elle fuyait le bruit mondain. Pourtant dès qu'elle visitait un pays pour le rayonnement de son œuvre, elle imitait le Christ dans son silence, son humilité, sa pauvreté, sa douceur, sa charité.

Elle demeurait des heures entières devant le Saint Sacrement. Pour elle, prier c'était aimer de tout son cœur. À un jeune prêtre qui lui demandait de l'accompagner dans sa pauvre prière, Mère Teresa lui dit qu'il ne priait pas assez; mais le jeune prêtre ajouta : « Mère, j'attendais de vous plutôt cette question : quels actes de charité fais-tu ? » Et la mère de lui répondre :

> « Crois-tu que je pourrais pratiquer la charité si je ne demandais pas chaque jour à Jésus de remplir mon cœur de son amour? Sans Dieu, nous sommes trop pauvres pour pouvoir aider les pauvres! »

Lors d'une rencontre, le Cardinal Gantin, du Bénin, mort il y a plus de dix ans, me disait, ainsi qu'aux séminaristes de Paris :

> « Il faut graver dans vos cœurs trois mots : *Crux, Hostia, Virgo* – la Croix, l'hostie, la Vierge. Ce sont trois mystères que Dieu a donnés au monde pour féconder

> notre vie intérieure et nous enraciner dans le Christ. Ce sont trois mystères à contempler dans le silence. »

Un être sans silence est étranger à Dieu, exilé dans un pays lointain qui reste à la surface du mystère de l'homme et du monde, comme aurait dit Georges Bernanos. Nous avons besoin de ce silence, car il nous permet de rassembler en nos cœurs toutes nos énergies, tout ce que nous sommes en train de vivre. Prière et silence vont ensemble, mais aussi amitié et silence. Quelle grâce quand on a découvert que le silence peut devenir une parole !

Conclusion

Ai-je répondu à la question de mon lecteur ? Je n'en suis pas si sûr, car le mal sera toujours de l'ordre du mystère et du scandale ! Et face à nos interrogations, il y a le silence apparent de Dieu.

Bienheureux celui qui a la foi, même si elle est fragilisée par l'épreuve du mal ! Il faut du temps pour découvrir que le silence de Dieu est présence. Le chemin spirituel proposé ici débouche sur cette expérience. En effet le silence de Dieu et le silence des hommes vont de pair. Mais ces silences font peur ! Pourtant ils devraient être au cœur de nos vies.

S'il y a silence de Dieu, cependant Dieu donne sens à ce que nous vivons. J'ai évoqué Job, le Christ, Thérèse d'Avila et Thérèse de Lisieux, Élisabeth de la Trinité, Mère Teresa et tant d'autres. Restons dans l'espérance avec saint Paul.

Notre difficulté consiste à croire que la toute-puissance est première, que si Dieu n'était pas le Tout-Puissant, il ne serait pas Dieu. La découverte à faire, c'est que sa toute-puissance est celle de l'amour, dont la caractéristique est de s'abaisser. Celui qui est Dieu devient enfant et va s'engager dans la mort. À l'inverse de ce que nous imaginons, la puissance de Dieu est dépourvue de toute violence à la différence de notre monde. Le Christ n'est pas violent; il vient au monde pour révéler le visage scandaleux de l'amour, le visage défiguré qui nous manifeste qui est Dieu.

Saint Paul, dans sa Deuxième Lettre aux Corinthiens, écrit : « S'il faut se glorifier, c'est de mes faiblesses que je me glorifierai[1]. » Nous devons accepter de passer par la faiblesse. « Le Christ a été crucifié à cause de sa faiblesse, il est vivant par la puissance de Dieu[2]. » Cette insistance sur la faiblesse veut nous faire comprendre que la mort, la faiblesse par excellence, s'ouvre sur la résurrection. Saint Paul croit à la Résurrection. C'est pourquoi, lorsqu'il parle de faiblesse, il pense en même temps à la mort transfigurée par la puissance de Dieu qui agit en lui.

La plénitude de l'amour n'existe que dans la faiblesse habitée par la puissance de Dieu. Comme recteur de Notre-Dame, là où se trouve la sainte Couronne d'épines, j'aime ce mot du Curé d'Ars : « Il faut avoir serré dans ses mains les épines pour qu'on en sente le baume. » Oui, il faut serrer dans ses mains les épines jusqu'à ce que nos mains saignent et que le sang passe, le sang du Christ dans le nôtre, en une communion d'amour et de vérité.

En conclusion, ne faut-il pas vivre un peu plus avec le silence? Car le silence physique appelle aussi un silence intérieur, appelé souvent silence spirituel. Il s'agit d'abord de s'exposer au silence : on peut faire cesser la

1. 2Co 11,30.
2. 2Co 13,4.

musique, renoncer à la parole transmise par les ondes, ou par internet. C'est ainsi qu'on choisit le silence. Parfois il nous arrive de le sentir; par exemple dans l'impossibilité de communiquer avec qui que ce soit. Pascal écrit dans ses *Pensées* : « Le silence éternel de ces espaces infinis m'effraie[3]. » Il s'agit d'un silence vide, non d'une attente ou disposition à une quelconque écoute; il est absence totale de relation et à ce titre insoutenable.

Il nous faut passer du silence intérieur au silence mystique. Ce silence assure la transcendance de Dieu en même temps que l'âme prend conscience de sa propre profondeur. Le silence est ainsi ce qui caractérise le fond où l'homme peut être uni à Dieu. Nous trouvons les maîtres de l'école carmélitaine. Saint Jean de la Croix invite au silence intérieur, à savoir réfréner les sens internes comme l'imagination par exemple et les discours; l'âme doit se tenir en silence. Mais il existe aussi un silence de paix que Dieu opère lui-même par ses communications spirituelles. Le silence est douceur et musique; écoutons-le : « Encore que cette musique soit silencieuse quant aux sens, c'est néanmoins une solitude très sonore pour les puissances spirituelles[4]. »

Surtout ne nous décourageons pas! Ce silence n'est pas réservé aux mystiques; il est accessible à tous. Mais on commence à savoir prier quand on a compris que prier, c'est d'abord se taire pour entrer dans le silence divin. Ce silence est insupportable à celui qui vit à l'extérieur de lui-même; or tout nous pousse à cette extériorité.

3. *Pensées*, 91.
4. Saint Jean de la Croix, *Cantico.*

Cependant si nous voulons progresser dans la prière, il nous faut passer par là.

Nous savons que le silence n'est pas le vide : il est au contraire essentiellement plein ; et c'est une plénitude où l'on parle. Les paroles qui sortent de l'agitation et du bruit sont superficielles. Le fond d'un être doit être occupé par le silence ; et cet être ne parle d'une parole vraie et profonde que si elle part de ce silence, si elle en est l'expression. Voilà pourquoi le langage du monde, des conversations, des journaux sont vides et fatigants au lieu de reposer et de nourrir. Je devrais dire que l'excès de communication tue la communication et nous étourdit. Ne craignons pas de nous réserver quelques instants pour nous recueillir et donner quelques minutes à Celui qui demeure en nous, qui y parle silencieusement et qui nous invite à venir l'écouter.

Oui, le silence n'est pas une absence, au contraire, il est la manifestation d'une présence, la plus intense de toutes les présences. L'être de Dieu est présent en nous depuis toujours dans un silence absolu et il nous faut percer le mystère d'un tel silence. Il nous faut découvrir les profondeurs de notre âme. Dieu éveille les capacités nouvelles de voir et de comprendre. En effet, c'est dans le silence que nous voyons la réalité de notre âme et en elle les manifestations intimes de Dieu. Le premier effet de la manifestation de la présence divine dans l'âme est que l'âme se découvre elle-même ; elle prend conscience de son existence. En effet, la lumière divine jette une lumière sur le milieu dans lequel elle se manifeste. Au début, la présence divine est encore très obscure et l'âme a de la peine à se percevoir elle-même. Mais à mesure que la Présence se fait plus perceptible, l'âme se découvre comme le centre de réceptivité à l'égard de Dieu. L'âme, sous la lumière divine, se voit tout à coup comme un univers sans limite qui semble s'étendre aux dimensions de Dieu et comme le centre de l'unification de l'être. Dans la découverte de Dieu, l'âme découvre sa véritable unité et son rôle d'unificateur. Quand la présence de Dieu rejoint l'âme dans le silence, elle se voit habitée par elle, puis tout envahie par elle… comme si atteignant une profondeur plus grande d'elle-même, elle était toute présence. Plongée dans la grâce divine et remplie de cette grâce, elle se voit comme une personne aimée de Dieu.

Oui, c'est la présence divine qui, en se montrant dans l'âme en éclaire les profondeurs. L'âme se connaît et connaît Dieu dans une même lumière. C'est alors que, si proche de Dieu, l'âme pourra dire qu'elle a été touchée par la Présence. L'âme a vu Dieu. Certes, elle ne l'a pas vu directement ; le face-à-face se fera après notre pâque ; mais Dieu en se montrant dans notre âme se laisse percevoir en donnant des sens capables de recevoir sa lumière.

Ce sont les sens de l'esprit, la vue de l'esprit, l'ouïe de l'esprit qui deviennent capables de saisir Dieu. La présence de Dieu est certaine – encore faut-il la reconnaître ! Beaucoup d'âmes en arrivent à une perception habituelle de la présence divine en elles-mêmes dans le repos de la prière et même dans l'action. Elles trouvent en cette présence une paix étonnante et en même temps sentent l'exigence de cette présence. Elles ne peuvent plus vivre repliées sur elles-mêmes ; elles ne peuvent vivre de manière égoïste, parce que cette présence les ouvre sur Dieu, sur le monde et sur tous les êtres. Comme les disciples sur le Thabor, l'âme ne peut y rester. Dieu les envoie au cœur du monde. Dieu ne fixe pas le cœur de l'homme en lui pour le détourner de l'amour de ses frères, mais au contraire pour lui apprendre l'amour.

L'amour de Dieu ne peut donc pas nous servir de prétexte pour nous détourner de nos frères. Si l'âme ne découvre pas l'amour dans sa vie contemplative, c'est qu'elle n'a pas atteint Dieu. Elle s'est fixée sur un objet qui est une caricature de Dieu, une idole qui n'est peut-être qu'elle-même. Dieu appelle l'âme à aimer. Celui qui a touché Dieu dans cet acte d'amour revient vers ses frères avec un amour nouveau qui ne connaît ni tentation égoïste, ni suspicion. Dieu est amour, comme le dit saint Jean, et il donne l'amour.

Un homme sans silence est un être étranger à Dieu, exilé dans un pays lointain qui reste à la surface du mystère de l'homme et du monde. C'est pourquoi nous avons besoin de ce silence. Le silence nous rend heureux parce qu'il nous permet de rassembler en nos cœurs toutes nos énergies, tout ce que nous vivons. Rappelons-nous le psaume 85 : « Rassemble en mon cœur[5] », c'est-à-dire unifie mon cœur.

---

5. Ps 86 (85)'11.

Table

IMPRIM'VERT®

Achevé d'imprimer par CPI,
en décembre 2020
N° d'imprimeur : 161838

Dépôt légal : janvier 2021

Imprimé en France